IPv6

connectar-se a l'Internet del futur

Alan Ward Koeck

IPv6: connectar-se a l'Internet del futur

© Alan Ward Koeck, 2013

Editor: CreateSpace Independent Publishing Platform

ISBN: 978-1484185872

Índex de continguts

Prefaci

Febrer 2011: data històrica per INTERNET, es van repartir les últimes adreces IPv4 a nivell mundial. En aquell moment va començar el compte enrere per fer canvis si no es volia que Internet entrés en una situació crítica amb conseqüències desastroses. Uns anys abans, quan es va veure arribar aquesta situació ja es va començar a buscar una solució.

El protocol IPv4 ha estat més de 30 anys "aguantant" el creixement imparable de la XARXA INETERNET però ha arribat el moment de la seva jubilació. Quan es va desenvolupar IPv4 es va definir una bossa d'uns 4.300 milions d'adreces, suficient segons la previsió dels experts per finalitats d'educació i militars. No es pensava en l'aplicació comercial que tindria de la xarxa.

Aprofitant l'experiència en l'ús d'IPv4, i tenint en compte l'avenç tecnològic dels actuals sistemes i dispositius de comunicacions, en quant a potència i capacitat, es van definir les bases d'IPv6. Aquest nou protocol s'ha dimensionat amb uns paràmetres de capacitat més enllà dels valors que estem acostumats a tractar; concretament es defineixen 340 sextilions d'adreces (340.282.366.920.938.463.463. 374.607.431.768.211.456) distribuïdes en 2^{64} prefixes (subxarxes) de 2^{64} adreces cadascuna; es diu que hi ha més adreces IPv6 que estrelles en tot l'univers. Amb aquest número a la ment es fa difícil imaginar, a dia d'avui, que pugui passar com amb IPv4 i que s'arribin a esgotar algun dia totes aquestes adreces!. El temps dirà...

A nivell pràctic sembla que no hi ha límit i això em fa pensar amb la quantitat de possibilitats que es generen amb aquest volum immens d'adreces. D'entrada IPv6 ofereix una connectivitat directa entre totes les IP's;

La tendència actual és que cada persona tingui accés a Internet a tots els seus dispositius personals: al mòbil, a la tablet, a l'ordinador portàtil, a la consola de jocs, a la TV, amb IPv6 no tan sols és factible que tingui una adreça pública per cadascun d'aquests dispositius sinó que en pot tenir múltiples. A nivell mundial, el creixement més fort del tràfic d'Internet és el que es genera en dispositius mòbils. El nombre de persones amb accés a dispositius mòbils, tipus smartphones, està creixent a un ritme trepidant, al mateix temps que aquests dispositius mòbils cada vegada tenen més capacitat d'accés a Internet.

I em pregunto: que podem fer amb aquesta immensitat d'adreces?, d'entrada la meva ment no està acostumada a pensar i a imaginar amb un número de tants dígits... Al cap d'una estona de donar-li voltes, em comencen a venir idees, semblaria possible connectar qualsevol cosa que tinguem al nostre abast, coses del dia a dia, a casa, a la feina, de la nostre ciutat... de fet amb IPv6 ha aparegut el concepte "Internet de les coses".

I quines "coses" han de tenir una IP?

Penso en "coses" on l'adreça IP li aporti valor. "Coses" de les quals pot interessar conèixer l'ús que se'n fa, les avaries que té, etc. i que aporten informació important a l'usuari, al fabricant, a empreses de serveis. "Coses" tals com els electrodomèstics en general, nevera, forn, rentadora, rentavaixelles, també equips electrònics com càmera de fotos o vídeo, "coses" molt més simples com les bombetes, les persianes.

"Coses" elèctriques i "coses" molt més simples d'ús diari com les sabates, la roba, les ulleres,... on l'accés a la "cosa" pot permetre al fabricant fer millors productes adaptats a cada usuari.

També els nostres animals , i les nostres plantes i els arbres, les faroles dels carrers, els semàfors, les càmeres de vigilància, ...

A les empreses, les "coses" susceptibles d'estar connectades encara és molt més evident. Imaginem una granja, on cada animal té les seves adreces, conèixer en cada moment la situació, l'estat de salut, el que menja, el que beu. I el mateix en un bosc on cada arbre té les adreces que permeten conèixer al moment informació rellevant com el creixement en funció del clima o d'altres.

El fet de que una "cosa" tingui una adreça IP genera el potencial per estar connectada amb tota la resta de "coses" amb IP existents. Segons la llei del creixement de la xarxa, que va proposar Metcalfe (inventor del protocol Ethernet) : *"el valor d'una xarxa és proporcional al quadrat del nombre de nodes de la xarxa"*. Fent una aproximació jo diria que *el valor de la nostra societat augmenta proporcionalment al quadrat de nombre d'adreces IP connectades...*

Aquest increment de valor obre un ventall immens de possibilitats de creació de nous serveis.

Aquest mar de possibilitats de nous serveis i oportunitats que ens ofereix IPv6 també fa pensar en les contrapartides: totes les "coses" estan a l'abast de tothom i això fa por. Cal tenir present aquest punt a l'hora de dissenyar la seguretat, i pensar en les noves regles de joc de la xarxa IPv6.

Ara bé el canvi a IPv6 és llarg i a més complex, ja que requereix coexistir amb IPv4 fins que aquest desaparegui totalment. Vint Cerf, un dels pares de la xarxa Internet diu, "cada cop és més difícil canviar el motor d'un avió mentre està volant".

Els grans d'Internet, Google, Facebook, Youtube, Amazon, Yahoo, ... ja tenen les seves infraestructures públiques adaptades a IPv6. A nivell mundial les xarxes internacionals de telecomunicacions també estan preparades per IPv6, entre les quals hi ha la d'Andorra.

Aquest llibre incita a l'acció. Quan l'Alan em va passar l'esborrany, el primer que vaig fer va ser connectar-me a IPv6 seguint les indicacions que s'hi proposen. És un llibre bàsicament pràctic, ple d'idees de com utilitzar IPv6 d'una manera fàcil. S'expliquen procediments de manera planera, com per exemple com connectar-se a IPv6 utilitzant un túnel dins la xarxa IPv4. També ens explica com aprofitar l'equipament actual i adaptar-lo a IPv6.

Amb IPv6, una vegada més, la tecnologia proporciona una eina per compartir amb tothom i entre totes les coses i és un ingredient d'aquesta nova era d'Internet-IPv6 que pot ajudar a fer cada dia un món millor.

A QUE NO POTS DEIXAR DE CONNECTAR-TE A IPV6 SI EL COMENCES?...

Alfred Villagrasa Noguera

Enginyer electrònic i de telecomunicacions

Introducció

Internet es va desenvolupar a partir de finals dels anys setanta, en el marc del projecte Arpanet. Així, arribats a l'any 2013 ja porta gairebé un terç de segle de recorregut. Com que per altra banda resulta tot un tòpic comentar la quantitat i la velocitat dels canvis en l'àmbit de la informàtica i de les noves tecnologies, es pot apreciar com al llarg d'aquesta trentena d'anys l'estat de la tecnologia ha anat evolucionant. S'ha passat d'una situació inicial en què gairebé tan sols es podien connectar a la Xarxa alguns ordinadors centrals (de tipus *mainframe*) mitjançant línies telefòniques dedicades, a una implantació omnipresent que permet connectar els dispositius més variats i emprant una àmplia gamma de tecnologies amb i sense fil.

També és així per l'ús que en fem els usuaris. Així, si els patrons d'ús inicials concernien sobretot l'àmbit acadèmic, la revolució d'Internet dels anys 90 va permetre l'accés de simples particulars i un ús més comercial, i en l'actualitat podríem parlar d'una utilització predominantment lúdica de les xarxes – tot i que, naturalment, les vessants acadèmica i comercial tampoc es poden negligir.

Mentre s'anaven succeint aquests canvis, naturalment les mateixes tecnologies de base de l'Internet havien patit una evolució paral·lela. En la seva majoria, els canvis corresponien a l'afegit de noves possibilitats, nous protocols que permetien adaptar la infraestructura existent a altres serveis o maneres de fer servir la Xarxa. Però el "nucli dur" d'Internet, els protocols TCP/IP (*Transmission Control Protocol* i *Internet Protocol*) s'han mantingut inalterats durant tot el període.

Durant la última dècada aproximadament, una sèrie de problemàtiques tals com l'exhauriment d'adreces IP i la cerca de maneres més eficients de repartir continguts multimèdia en viu (*streaming audio* i *streaming video*) han aconsellat desenvolupar noves versions d'aquests protocols veterans, posant-los al dia de les evolucions tecnològiques i de les expectatives dels usuaris. La versió actual d'IP, coneguda com IPv4 o "IP versió 4" s'anirà reemplaçant gradualment per la versió més recent, IPv6 o "IP versió 6".

Així, podem fer el pronòstic que en els pròxims tres a cinc anys assistirem a una implantació generalitzada de IPv6, fins al punt que eventualment reemplaçarà totalment IPv4. Com sol passar tractant-se d'un fenomen a la frontera entre tecnologia i societat, començarà -i, de fet, ja està començant- relativament lentament, però es pot preveure que anirà guanyant velocitat a mesura que més i més usuaris i proveïdors de serveis es trobin obligats a fer el canvi, més que res per l'esmentat exhauriment d'adreces IPv4.

Malauradament, també hem de constatar que una gran part del usuaris a penes n'hem sentit parlar. El que és potser més preocupant, les persones que tenen oficis relacionats directament o indirectament amb les noves tecnologies solem haver-ne sentit parlar. Però en realitat poques persones estan plenament preparades per fer el canvi. Parlant amb companys del ram, la tònica general sembla ser que: "de moment, no necessitem IPv6. I quan sigui el moment [tradueixo: quan ens obliguin] aleshores sí que ens hi posarem."

De fet, és una enfocament no poc assenyat. D'una banda, alguns estem una mica desgastats pels continus avenços tecnològics. N'hi ha que aporten certa qualitat a l'experiència de l'usuari -hi podríem incloure els telèfons intel·ligents i els *tablets*- però a la vegada porten noves preocupacions i mals de cap als administradors de xarxes. Altres "avenços" resulten, al cap d'uns anys o d'uns mesos, haver estat tan sols una moda passatgera. L'experiència ens ensenya, doncs, que cal plantejar-se la introducció d'una nova tecnologia més amb una certa circumspecció. Cal avaluar-la detingudament pel que fa als seus avantatges i millores que pugui aportar, però també i paral·lelament pel que fa als seus costos i inconvenients.

Després d'una certa pràctica personal del tema, he arribat a la conclusió que IPv6 no serà "pardal d'un sol estiu." Està aquí amb nosaltres, i ens acompanyarà un bon tros del camí. De moment, no tenim l'aigua massa a la vora del coll; ens queda una mica de temps per anar veient com avança la seva introducció ens els costums. Però no badem, perquè vindrà quan hagi de vindre i ho farà amb força. Potser vindrà de la mà dels administradors de servidors, quan la falta de disponibilitat d'adreces IPv4 farà indispensable l'ús d'IPv6. Però crec que abans que això es produeixi, els usuaris ja s'hi hauran posat. No ho farem, com deia el George Mallory parlant de l'Everest, "perquè està allà." Més aviat ho farem perquè ens resulta útil – i àdhuc divertit. En tot cas, aquesta va ser la meva pròpia motivació per començar a treballar amb aquesta tecnologia de xarxa, i serà l'enfocament de les pàgines que segueixen.

És per aquest motiu que aquest text es vol abans i per damunt de tot realista i divulgatiu. Hi intentarem presentar una mica l'estat de la qüestió, però sempre des de la vessant pràctica i directament aplicable. Tractarem aspectes com: què és IPv6, quins canvis ens representarà a nivell organitzatiu de les xarxes que fem servir cada dia (ho notarem molt?), i quins avantatges o eventualment quins inconvenients hi podem trobar, tant avui que estarem en una situació de transició entre IPv4 i IPv6, com en el futur moment en què tan sols subsistirà IPv6.

S'ha intentat donar un enfocament pràctic a l'explicació. Així, es partirà de la situació en què un usuari actual d'Internet vol provar aquesta nova tecnologia, connectant-s'hi primer amb un sol ordinador des de casa o de la feina, després a través d'una petita xarxa domèstica, i explorant pas a pas les eines disponibles.

S'encoratja el lector que hi tingui interés a anar experimentant de manera paral·lela a la seva lectura. En realitat no es tracta d'una experimentació gaire arriscada, procedint amb seny i sentit comú hi han poques possibilitats que ens passi un accident. Ara bé, com sempre quan es tracta d'una tecnologia que encara no dominem del tot, és aconsellable emprar material que no sigui el nostre ordinador principal per fer les proves. Seria, doncs, el moment ideal per desenterrar aquell vell ordinador o portàtil que fa dies que no toquem. Un ordinador virtual també pot ser una opció interessant, en un entorn com VirtualBox, VMWare o Parallels Desktop.

Sistemes operatius tractats

En aquest llibre, el lector trobarà que la majoria dels exemples s'han desenvolupat a partir del sistema operatiu GNU/Linux. En gran mesura es tracta d'una preferència personal – el que no estranyarà els que hagin estat alumnes o companys meus. També es pot tenir present que la majoria de les tecnologies d'Internet es varen desenvolupar sobre ordinadors amb sistema operatiu de la família UNIX. Mac OS-X, és basat en la variant BSD de UNIX, i doncs n'és un derivat directe. Es pot considerar GNU/Linux com un "clon" de UNIX - tot i que oficialment mai ha pretés a aquesta consideració. Així, no és cap sorpresa que aquests dos sistemes estiguin plenament preparats per emprar la tecnologia IPv6.

Pel que fa a Microsoft Windows, la qüestió es planteja en altres termes degut a la seva històrica tendència a prendre certes llibertats amb les normes tècniques i estàndards del ram de la informàtica. Dit això, també és cert que les versions més recents del sistema operatiu de Microsoft estan plenament adaptats a IPv6; connectar-se amb Windows Seven o Windows 8 no hauria de plantejar majors dificultats.

Pel que fa als sistemes operatius dels dispositius mòbils (telèfons i *tablets*), els dos sistemes operatius més usuals es basen en sistemes operatius de despatx; així Apple iOS és un derivat de Mac OS-X, mentre que Android fa servir el mateix nucli Linux del sistema GNU/Linux. En tots dos casos, el nucli hauria de ser plenament preparat per connectar-se amb IPv6, però encara no és així pel que fa a la interfície d'usuari.

Per això, pot resultar més fàcil no intentar connectar aquests dispositius mòbils directament a la xarxa IPv6, sinó a través d'un ordinador que comparteixi la seva connexió. Comentarem aquestes tècniques en el capítol dedicat a la xarxa local.

Presentació i convencions tipogràfiques

En aquest llibre, el lector trobarà una sèrie d'indicacions destacades de diferents maneres.

Quan emprem un terme informàtic, s'indicarà al menys la primera vegada *in English* i destacat amb lletra cursiva. No és per ganes d'aparentar més tècnic, sinó simplement que en l'àmbit de les noves tecnologies hi ha una tendència a emprar directament la versió anglesa pels nous conceptes. Posteriorment, sí que pot ser que s'encunyi un terme pròpiament català, però l'experiència ens diu que totes dues paraules solen conviure durant un cert temps.

També es destacaran els manaments, els enllaços i les adreces per poder-les distingir de manera més fàcil del text pròpiament dit.

Els exemples d'execució de manaments donats en un terminal es presentaran indentats en el text, amb el mateix manament prefixat pel símbol '#'. També serà així pels resultats observats a la pantalla i els exemples.

```
# manament
Resultat de la seva execució.
```

Finalment, tractant-se d'un text pràctic, en certs moments es proposaran activitats que el lector pugui dur a terme si ho destija. Naturalment, la seva realització no ha de ser obligatòria per poder seguir el discurs, però creiem sí poden ajudar per adquirir una experiència real amb IPv6.

Activitat

Aquestes propostes es presentaran separats del text principal mitjançant un marc.

Què és IPv6, i perquè es va crear?

Internet Protocol

Abans d'entrar en examinar IPv6, pot ser interessant fer un petit repàs previ de l'estàndard que teníem fins ara, "Internet Protocol" també conegut com "IP", o bé "IPv4". Aquesta primera secció és destinada sobretot a les (moltes) persones que empren Internet cada dia, però a qui sovint els ha mancat una mínima explicació en quant a les seves bases tècniques.

Conjuntament amb "Transmission Control Protocol" (TCP), el protocol IP constitueix el nucli de les tecnologies que permeten fer funcionar l'Internet, el que s'anomena TCP/IP. La part IP té l'encàrrec d'identificar els ordinadors mitjançant una adreça única (adreça IP), i també *l'encaminament* que consisteix en assegurar-se que cada missatge pugui trobar el camí cap al seu destí. Per contra, la part TCP s'assegura que les comunicacions realment hagin arribat a bon port, i si s'escau es cuida de repetir-les fins que sigui així.

Us podeu haver trobat ja amb adreces IP, per exemple en el moment de configurar un *router* d'accés a Internet o bé una impressora làser amb connexió per xarxa; avui en dia aquests dispositius solen tenir una interfície d'administració a la que s'accedeix posant la seva adreça IP en el navegador web. Aleshores, us haureu trobat amb una adreça semblant a aquesta:

```
192.168.1.1
```

Si fóssim puristes, aquesta adreça no s'hauria d'escriure així, sinó en aquesta forma:

```
1100 0000 1010 1000 0000 0001 0000 0001
```

Així es respectaria més bé la seva naturalesa de número binari de 32 bits – tot i que potser resultaria més difícil la seva lectura (i memorització!) pels humans que som. És per aquest motiu que s'ha pres el costum d'agrupar blocs de vuit bits per formar bytes. Podem veure doncs una adreça IPv4 com un conjunt de quatre bytes:

```
1100 0000 . 1010 1000 . 0000 0001 . 0000 0001
```

Per simplificar encara més, escrivim cada byte no en la seva forma binària, sinó traduïda en decimal. Així tenim la forma més usual, 192.168.1.1 . Tot i això, no hem de perdre de vista el fet que l'adreça IPv4 segueix essent un número binari de 32 bits.

Existeix un mecanisme previst perquè els ordinadors d'una xarxa concreta puguin veure si una adreça IP forma part de la mateixa xarxa que ells, o bé si és d'una altra xarxa. Consisteix en fixar un cert nombre de bits a principis de l'adreça. Aquests bits, la part "xarxa" de l'adreça, seran els mateixos per tots els ordinadors i dispositius de la xarxa. Per contra, els bits restants, o part "host" de l'adreça, podran -i, de fet, han de- variar entre cadascun dels dispositius, de tal manera que cada ordinador acabi amb una adreça IP distint de tots els altres.

Així, en una xarxa concreta ens podríem trobar amb les adreces següents:

```
192.168.1.1
192.168.1.2
192.168.1.3
...
192.168.1.254
```

En aquest cas, s'han fixat els primers 3 bytes, o 24 bits, com la part "xarxa". L'últim byte, 8 bits, serà la part "host":

```
192 . 168 . 1          1
^-- xarxa --^    ^-- host --^
```

Aquesta xarxa conformaria un bloc d'adreces de **classe C**, i es podria escriure amb la indicació "/24" per indicar el nombre de bits fixats per la xarxa:

```
192.168.1.0/24
```

Cada byte pot representar els valors decimals compresos entre el 0 i el 255. Però haureu notat que en aquest exemple no hem inclòs entre les adreces útils dues possibilitats:

```
192.168.1.0
192.168.1.255
```

El motiu és que en cada bloc d'adreces es reserva la primer adreça com a "adreça de xarxa". Aquesta és la que es fa servir per escriure el conjunt d'adreces (com 192.168.1.0/24), i no es pot assignar a cap ordinador o dispositiu.

De la mateixa manera, la última adreça del rang també es reserva, aquesta vegada com a "adreça de broadcast". Aquesta és suposada servir com a adreça de difusió, que ens permet enviar un únic missatge a tots els ordinadors de la xarxa (en la crua realitat, no tots els ordinadors el tindran en compte, segons sigui configurat el seu sistema operatiu). En el nostre exemple, l'adreça de broadcast seria la 192.168.1.255 .

És clar, pot ser que la nostra xarxa tingui més de 256 – 2 = 254 ordinadors i dispositius. Aleshores, ens caldrà buscar un bloc d'adreces de **classe B**. En aquest, la part de xarxa fixa els primers 16 bits, deixant 16 bits per la part de host. Per exemple:

```
172.16.0.1
172.16.0.2
...
172.16.255.253
172.16.255.254
```

En aquesta xarxa, tots els ordinadors tenen una adreça IPv4 que comença per "172.16", i després els dos últims bytes tenen valors diversos per cada dispositiu. S'escriuria aquest bloc d'adreces com:

```
172.16.0.0/16
```

Com en el cas anterior, hem reservat la primera adreça (172.16.0.0) com a adreça de xarxa, i la última (172.16.255.255) com a adreça de broadcast, i no es podran assignar a cap ordinador.

Així, en un bloc d'adreces de classe B podrem disposar de 256^2 - 2 = 65536 – 2 = 65534 adreces útils.

Anant més lluny encara, també podem formar un bloc d'adreces de **classe A**. Aquesta vegada, reservarem tan sols els primer 8 bits (el primer byte) com a part de xarxa, deixant 24 bits (tres bytes) per indicar els hosts individuals. Així, la xarxa

```
10.0.0.0/8
```

podria contenir les adreces

```
10.0.0.1
...
10.255.255.254
```

Podria abastar doncs un total de $256^3 - 2$, o aproximadament uns 16 milions de dispositius diferents.

Pel que fa al conjunt d'Internet, les adreces útils serien

```
0.0.0.1
...
255.255.255.254
```

El nombre total d'adreces IPv4 disponibles seria doncs de $2^{32} - 2 = 256^4 - 2$, o sigui uns 4.294.967.294 (quatre mil milions) d'adreces.

Activitat

Abans d'anar més lluny, pot ser interessant consultar la nostra pròpia adreça IP. Per fer-ho, connectem-nos a una xarxa que tingui connexió a Internet, i obrim un terminal de text[1]. En aquest, introduïm el manament `ifconfig`[2] i un Enter.

Us hauria d'aparèixer una llista de les interfícies actives, amb una informació semblant a aquesta per cada interfície que estigui realment connectada:

```
$ ifconfig
Link encap:Ethernet  HWaddr a4:17:31:ce:81:a9
inet addr:192.168.1.5  Bcast:192.168.1.255
Mask:255.255.255.0
inet6 addr: fe80::a617:31ff:fece:81a9/64
Scope:Link
UP BROADCAST RUNNING MULTICAST  MTU:1500
Metric:1
RX packets:19992 errors:0 dropped:0 overruns:0
frame:0
TX packets:19966 errors:0 dropped:0 overruns:0
carrier:0
collisions:0 txqueuelen:1000
RX bytes:16685674 (16.6 MB)  TX bytes:3505824
(3.5 MB)
```

---

1   En GNU/Linux, busqueu "Gnome terminal", "lxterminal", o "konsole" segons la vostra interfície gràfica. En Mac OS-X, busqueu "Terminal" en la carpeta d'Applicacions o bé en el buscador Spotlight. En Windows, el trobareu al menú d'Accessoris amb el nom "Emulador de terminal MS-DOS".

2   En GNU/Linux i Mac OS-X, és `ifconfig`. En Windows, és `ipconfig` .

> La segona línia ens dóna la nostra adreça IPv4 actual (aquí 192.168.1.5), així com l'adreça de broadcast (192.168.1.255). Pel que fa a la *netmask*, en aquest cas els tres primers 255 ens indiquen que els tres primers bytes (24 bits) formen la part xarxa de l'adreça; es tracta doncs del bloc d'adreces 192.168.1.0/24 .

En realitat, el nombre d'adreces és una miqueta menys ja que alguns rangs d'adreces han estat reservades per una sèrie d'usos especials. Així, els rangs d'adreces

```
192.168.0.0/16
172.16.0.0/16
10.0.0.0/8
```

han estat reservades per un ús privat: es tracta de les "adreces IP privades" i que no circulen per la xarxa.

És clar, amb tal profusió d'adreces en el seu moment (principis dels anys 80) es va creure que mai s'arribarien a exhaurir. Fins i tot es va arribar a assignar un bloc de classe A (16 milions d'adreces) a una única empresa. Ara bé, a mesura que cada vegada més ordinadors personals i servidors es van anar connectant a la Xarxa, es va començar a estendre la idea que potser, finalment, sí que les arribaríem a assignar totes ... quedant-nos doncs en manca d'adreces IP disponibles.

De fet, avui en dia es pot dir que ja hem arribat en aquest extrem. El registre central d'adreces d'Internet, IANA, havia repartit els seus últims blocs d'adreces disponibles a partir del 3 de febrer del 2011[3]. L'entitat que coordina l'assignació d'adreces IPv4 per Europa, RIPE, va anunciar el dia 14 de setembre del 2012[4] que ja havia començat a assignar l'últim bloc de classe A d'adreces IPv4 de les que disposa – i les altres quatre entitats de coordinació (ARIN a Amèrica de nord, LACNIC a Amèrica llatina, AfriNIC a Àfrica i APNIC a Àsia) no es troben en una situació gaire més brillant.

Davant d'aquesta situació de manca d'adreces IPv4, les reaccions han estat diverses. Als països en què l'Internet està més ben establert, sovint es pot continuar -al menys durant el temps- emprant els estocs d'adreces ja assignades però potser no totalment en utilització. Per altra banda, tècniques tals com l'ús d'*adreces IP privades* conjuntament amb *Network Address Translation* (NAT) permeten reduir la quantitat d'adreces IP necessàries.

Les adreces IP privades

Quan instal·lem un router domèstic, en realitat aquest tan sols fa servir una única adreça IP pública, visible des d'Internet. Per contra, tots els nostres ordinadors tindran una adreça IP privada.

En una xarxa domèstica actual sovint trobarem que el *router* de sortida (ADSL, de fibra òptica o altra) empra el bloc d'adreces de classe C

```
192.168.1.0/24
```

---

3   Font: APNIC,
    http://www.apnic.net/community/ipv4-exhaustion/ipv4-exhaustion-details
4   Font: RIPE: http://www.ripe.net/internet-coordination/ipv4-exhaustion

Aquest bloc d'adreces forma part de les adreces IP privades; o sigui, adreces que no circulen per la xarxa pública. De fet, si un dispositiu d'Internet detecta que un missatge té una adreça origen o bé una adreça destí privada, automàticament descarta el missatge ja que és degut a una mala configuració de l'aparell emissor[5].

Aleshores, caldrà implementar NAT en el *router*. Aquest mecanisme permet interceptar els missatges que surtin de la xarxa local i dirigits cap a l'Internet. En el pas (1) de figura següent, el missatge porta com adreça de destí 173.194.34.18 -o sigui l'adreça IP de Google- mentre que la seva adreça de retorna és la seva pròpia, 192.168.1.5 . En el següent pas, el *router* canviarà l'adreça de retorn, substituint l'adreça privada de l'ordinador que inicia la comunicació per la seva pròpia adreça pública 85.1.2.3 .

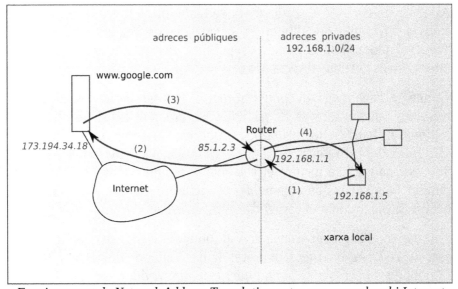

Funcionament de Network Address Translation entre una xarxa local i Internet

---

5   O també, d'un intent de penetració en un xarxa privada mitjançant la falsificació de l'adreça emissora, tècnica que es coneix com *spoofing*.

Quan Google contesta a la petició en el pas (3), ho farà emprant com a adreça de destí la única adreça pública que ha vist, o sigui l'adreça 85.1.2.3 . Quan el *router* rebi aquest missatge, detecta que es tracta de la resposta a la petició que hagi enviat anteriorment i que provenia de l'ordinador 192.168.1.5, i així torna a reemplaçar l'adreça de destí que hagi especificat Google per l'adreça privada correcte abans de tornar a emetre el missatge per la xarxa interna en el pas (4). Aleshores, l'ordinador 192.168.1.5 reconeix que li és destinat i presenta la resposta a l'usuari.

Per altra banda, quan el *router* rep la resposta provinent d'Internet -i adreçada a la seva pròpia adreça pública- es recorda de quin ordinador situat a l'interior de la xarxa local va originar aquella comunicació. Torna a fer una substitució d'adreces en aquest cas reemplaçant l'adreça de destí per l'adreça privada d'aquell ordinador.

Així, s'evita exposar els ordinadors de l'interior de la xarxa a possibles atacs que vinguin des d'Internet, ja que des de l'exterior tan sols es "veu" el *router* i la seva adreça pública. Per contra, els ordinadors interns no es "veuen" directament.

També té l'avantatge de poder tornar a emprar moltes vegades els mateixos rangs d'adreces IP privades. Seguramente existeixen diversos milions de llars en tot el món, en què es fan servir el mateix rang 192.168.1.0/24 d'adreces privades – cada llar necessitarà tan sols una únic adreça pública mentre el seu *router* estigui connectat a Internet, reduint així considerablement el nombre d'adreces públiques necessàries per donar el servei d'accés a Internet.

Tot i això, l'augment constant del nombre d'abonats als diferents serveis d'accés a Internet i, sobretot, la necessitat de disposar d'adreces IP públiques necessàries per a poder establir servidors fa que comença a ser urgent cercar alternatives al sistema existent. Aquesta necessitat és encara més urgent en altres regions del món, com podria ser l'Àsia. En aquest continent, el desenvolupament relativament recent de l'Internet ha donat lloc a una gran demanda per les poques adreces disponibles.

La introducció d'IPv6

En un moment donat, es va veure que resultaria difícil mantenir l'esquema constituïda per adreces IP versió 4. A la vegada s'estan exhaurint aquestes adreces, i a la vegada les tècniques introduïdes per pal·liar als seus inconvenients (com NAT) estan arribant a finals de la seva eficàcia. Calia doncs passar a una nova versió d'aquesta tecnologia, IP versió 6.

Per poder millorar la disponibilitat d'adreces, poques coses es poden proposar sinó canviar totalment el funcionament d'IP, o crear-ne una nova versió. Ja des del desembre del 1998 es disposa d'una proposta del que podria ser la "nova tecnologia" per Internet. Constitueix en el *Request For Comments* RFC-2460 del Network Working Group, part de l'Internet Society. En aquest document presentat sota els auspicis de les empreses Cisco i Nokia, es descriuen les adreces, els capçals dels missatges i altres detalls tècnics del que actualment coneixem com IPv6.

La primera gran diferència que ens trobem és el format d'adreces, que passen a ocupar un total de 128 bits. Naturalment, multiplicant la llargada de les adreces per quatre permet obtenir un espai d'adreces possibles molt superior al que teníem anteriorment. Concretament, ara disposarem d'un total de

$$2^{128} = 4.294.967.296^4 =$$
$$340.282.366.920.938.463.463.374.607.431.768.211.456$$

adreces possibles.

Altrament dit, si suposem que la població actual del planeta és d'uns 7 mil milions de persones, podríem repartir fins a 48.611.766.702.991.209.066.196.372.490 adreces úniques a cada persona abans d'exhaurir les adreces possibles.

Veiem doncs que IPv6 pot aconseguir el seu objectiu, evitar que l'exhauriment d'adreces IPv4 pugui arribar a ser un fre per l'establiment de nous serveis i noves maneres de fer servir l'Internet tant en països desenvolupats com d'altres en què les xarxes de moment són menys implantades.

Malgrat tenir una descripció tècnica completa d'IPv6 ja a finals del 1998, en realitat la seva implantació pràctica ha anat relativament lentament. Una part de la raó per això segurament haurà estat la possibilitat d'aplicar els pal·liatius ja descrits. Una altra podria ser la manca d'adaptació dels dispositius de xarxa i altres al nou estàndard: els *routers*, però també impressores en xarxa, càmeres de tipus *webcam*, maquinària controlada a través d'IP, etc. És així sobretot pels dispositius de qualitat domèstica, ja que els més professionals fa temps que o bé estan preparats per IPv6, o bé disposen d'un mecanisme que permet posar al dia el seu sistema operatiu.

Davant d'aquesta situació, han anat sortint iniciatives destinades a promoure o avançar la implantació d'IPv6. Una de les primeres va tenir lloc a la Xina, el que tampoc ens ha d'estranyar ja que aquest país és dels que més està sentint la urgència en aquest tema. Es va aprofitar la celebració dels Jocs Olímpics del 2008 per connectar les diferents seus (Beijing, però també Shanghai, Qingdao i Hong Kong) emprant aquesta tecnologia, el que va constituir possiblement la primera implantació pràctica i a una escala que no fos de simple laboratori de proves.

Exemple d'una impressora anunciada com "IPv6 ready" - o sigui, preparada per funcionar amb IPv6

Aquesta iniciativa de l'any 2008 ha tingut continuació a través del China Next Generation Internet (中国下一代互联网), un projecte de connexió generalitzada de tota la Xina emprant IPv6.

A escala més global, el 8 de juny del 2011 es va organitzar el World IPv6 Day.,En aquesta ocasió, per primera vegada diversos grans servidors mundials van donar accés als seus serveis a través d'IPv6, durant tot el dia. Hi varen participar empreses com Google i Facebook, com molts altres.

Un any més tard, i davant de l'èxit d'aquesta primera experiència, les mateixes empreses i d'altres van participar en el World IPv6 Launch el 6 de juny del 2012. En aquesta ocasió es va tractar no tan sols de fer una experiència limitada en el temps, sinó simplement de posar en marxa i deixar funcionar l'accés a aquests serveis a través d'IPv6.

Icona del World IPv6 Launch Day. Font: http://www.worldipv6launch.org/

Activitat

Podem emprar una eina que accedeixi al servei de resolució de noms (Domain Name Service, o DNS) per obtenir les adreces IPv4 i IPv6 de diferents servidors[6]. Per exemple, per Google[7] obtenim tant diverses adreces IPv4 (en groc) com una adreça IPv6 (en verd):

---

6   Tant en GNU/Linux, Mac OS-X, com MS Windows podem fer servir el manament nslookup. Amb GNU/Linux, també disposem dels manaments dig i host.

7   Google disposa de diferents clústers de servidors. Segons el moment i el lloc des del qual fem aquesta consulta, ens poden indicar grups d'adreces diferents.

```
$ host www.google.com
www.google.com has address 173.194.34.18
www.google.com has address 173.194.34.19
www.google.com has address 173.194.34.16
www.google.com has address 173.194.34.20
www.google.com has address 173.194.34.17
www.google.com has IPv6 address
2a00:1450:4007:803::1013
```

I per Facebook:

```
$ host www.facebook.com
www.facebook.com is an alias for
star.c10r.facebook.com.
star.c10r.facebook.com has address 31.13.86.16
star.c10r.facebook.com has IPv6 address
2a03:2880:10:6f01:face:b00c:0:8
star.c10r.facebook.com mail is handled by 10
smtpin.mx.facebook.com.
```

Per contra, un servidor que no tingui activat l'accés per IPv6 no tindrà l'entrada corresponent, i se'ns retorna tan sols l'adreça IPv4:

```
$ host www.ub.es
www.ub.es has address 161.116.100.2
```

Les adreces IPv6

Les adreces IPv6 són més llargues que les IPv4. Per aquest motiu, ens caldrà trobar una manera alternativa i més pràctica per poder-les representar.

Tal com hem pogut comprovar amb l'activitat anterior, les adreces IPv6 de 128 bits no s'escriuen ben bé de la mateixa manera que les IPv4. S'ha prescindit de la conversió dels bytes als seus valors decimals - potser motivat pel fet que, tractant-se d'adreces tan llargues, és poc probablement que la majoria de la gent es diverteixin treballant directament amb adreces IPv6. Podem augurar més aviat que l'ús del DNS serà cada vegada més necessari.

Examinem de més a prop una adreça IPv6, com la de Google que hem descobert anteriorment:

```
2a00:1450:4007:803::1013
```

Veiem que s'ha escrit fent servir una combinació de lletres i de números. En realitat, el que s'ha fet servir és una codificació *hexadecimal*, o sigui en base 16. Amb aquesta codificació, es fan servir els números habituals 0 fins a 9, i després per representar els valors 10, 11, 12, 13, 14 i 15 es fan servir respectivament els codis a, b, c, d, e i f.

Així, si ens presenten el número hexadecimal

```
2a0f
```

l'hem d'interpretar com

```
2 x 16³ + a x 16² + 0 x 16 + f
= 2 x 16³ + 10 x 16² + 0 x 16 + 15
= 10767
```

La codificació hexadecimal té l'avantatge sobre el decimal que correspon més bé al binari amb el que realment estem treballant. De fet, existeix una correspondència directa entre cada quatre bits binaris i un dígit hexadecimal:

Valor decimal	Codi binari	Codi hexadecimal
0	0000	0
1	0001	1
2	0010	2
3	0011	3
4	0100	4
5	0101	5
6	0110	6
7	0111	7
8	1000	8
9	1001	9
10	1010	a
11	1011	b
12	1100	c
13	1101	d
14	1110	e
15	1111	f

Així, podem escriure còmodament una adreça IPv6 de 128 bits emprant 32 dígits hexadecimals. A més, per més comoditat d'escriptura, farem servir les convencions següents:

- Agruparem els dígits hexadecimals per blocs de quatre, inserint el caràcter ":" entre cada dos blocs. Així: 2a00:1450:4007: ...

- Si un bloc de dígits comença per uns quants zeros, els podrem eliminar. Així, escriurem :0034: com :34: . Naturalment, :0000: també es pot abreujar com :0: .

- Si en una adreça apareix una seqüència de blocs nuls, es pot reemplaçar tota la seqüència pel codi especial :: . Això es pot fer tan sols uns única vegada en tota l'adreça.

Així, l'adreça de Google 2a00:1450:4007:803::1013 es pot desplegar com:

```
2a00:1450:4007:803:0:0:0:1013
```

o bé, de forma completament desenvolupada:

```
2a00:1450:4007:0803:0000:0000:0000:1013
```

De la mateixa manera que amb les adreces IPv4, podem formar blocs d'adreces IPv6. Les possibilitats són més nombroses, ja que el nombre de bits també ho és. Per donar alguns exemples:

```
2a00::/16
```

correspondria a un bloc de 2^{112} adreces, que comprèn totes les que comencen per 2a00 i després segueixen amb altres combinacions dels 112 bits restants.

```
2a00:1450:4007:803::/64
```

seria un bloc de 2^{64} adreces, que comencen totes per 2a00:1450:4007:803 . Aquest tamany de bloc és actualment un dels més usuals, tot i que a vegades també trobem blocs de menor envergadura, tals com:

```
2a00:1450:4007:803:1:2::/96
```

Per curiositat, podem calcular el nombre d'adreces utils en cadascun d'aquests blocs:

Bloc	Adreces utils
2a00::/16	2^{112} = 5.192.296.858.534.827.628.530.496.329.220.096
2a00:1450:4007:803::/64	2^{64} = 18.446.744.073.709.551.616
2a00:1450:4007:803:1:2::/96	2^{32} = 4.294.967.296

Connectar-se amb IPv6

Connectar-se nativament

La millor opció i la més directa per poder-se connectar a Internet amb IPv6 és quan el nostre proveïdor d'accés -generalment, l'operador de telefonia amb el qual contractem la línia- ens dóna directament accés a aquesta xarxa. Malauradament, encara és una situació més aviat poc corrent per les nostres contrades.

La primera opció per poder-se connectar a Internet emprant IPv6 és si el nostre proveïdor d'accés ho proporciona directament; és una *connexió nativa*.

En el moment d'escriure aquestes línies, és probable que tinguem un accés a Internet que suporti exclusivament tràfic amb el protocol IPv4 ja que existeixen relativament pocs països del món en què una connexió IPv6 nativa és disponible pels usuaris finals. Alguns països, sobretot del nord d'Europa, són potser els més avançats en aquest aspecte. També s'han dut a terme iniciatives en aquest sentit als Estats-Units i a la Xina. Tot i això, aquesta situació segurament evolucionarà en els propers anys, i de fet ens consta que les empreses del ram solen estan treballant activament en aquest sentit.

Perquè es pugui generalitzar l'accés natiu amb IPv6, caldrà que concorrin diverses circumstàncies. Caldrà que els proveïdors d'accés a Internet (*Internet Service Provider*, o ISP) actualitzin el programari dels seus dispositius (routers troncals). És possible que en alguns casos puguin aprofitar el moment per substituir i modernitzar-los. Aquest fet permetrà que les línies troncals dels operadors i entre estats passin a portar tan tràfic IPv4 com IPv6 alhora.

Al mateix temps, caldrà que els usuaris posin al dia els seus dispositius de connexió (routers domèstics). Alguns d'aquests es podran tornar a aprofitar mitjançant una posada al dia del seu programari, i en aquest sentit cal dir que existeix algun projecte de programari lliure que proporciona *firmware* modernitzat per routers[8].

En la majoria dels casos, però, caldrà reemplaçar el router per un model més actual - tot vigilant que aquest suporti IPv6 ja que alguns models més modestos encara no ho tenen.

Atenció!

És important notar que en IPv6 ja no es fan servir adreces IP privades, ni tampoc NAT. Això no vol dir que no existeixin conceptes semblants o al menys que es puguin fer servir de manera similar[9], però no se solen fer servir.

En general hem de pensar que amb IPv6 estem treballant amb adreces públiques. Aquestes adreces són visibles des de qualsevol lloc a tot l'Internet! És així tant si emprem una connexió nativa, com si emprem les altres tècniques que descriurem tot seguit.

8   Per exemple, el projecte dd-wrt (http://www.dd-wrt.com).
9   Respectivament: adreces unique-local (del bloc fc00::/7) i transparent proxy.

Així, haurem de prendre cura de posar en marxa els elements de seguretat necessaris per assegurar el nostre sistema. Concretament, un bon *firewall* no és de massa per evitar intrusions indesitjades. També haurem de tenir en compte aquesta exposició si posem en marxa algun servei.

Connectar-se a través d'un túnel

Si, com per molts abonats, el nostre proveïdor d'accés a Internet no ens proporciona un accés amb IPv6 activat, tot no està perdut. Prou de disposar d'una connexió "normal" amb IPv4, es poden establir túnels entre el nostre ordinador i l'Internet amb IPv6.

Encara que no tinguem una connexió directe a l'Internet amb IPv6, existeix una segona possibilitat de connectar-s'hi que s'anomena el túnel. En aquest, es fan transitar els paquets IPv6 encapsulats dins de paquets IPv4:

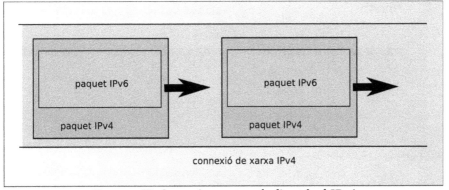

Paquets IPv6 transitant a través d'un túnel IPv4

Així, podem fer passar els paquets IPv6 des de la nostra xarxa local (amb IPv6 activat) fins a la part d'Internet preparat per IPv6, travessant mitjançant el "túnel" la secció d'Internet en què encara no s'ha activat.

Nota

Existeixen dos tipus de túnel. Els que resulten més pràctic són els túnels "6to4". L'altra alternativa, els túnels "6in4", funcionen d'una manera semblant, però amb algunes diferències que podrien resultar excessivament complexes per un ús domèstic o casual. En essència, els túnels "6in4" requereixen tenir una adreça IPv4 pública, accessible directament des d'Internet. Per aquest motiu no resulten fàcils de configurar per la majoria de nosaltres, que fem servir un router domèstic amb NAT activat.

En els túnels "6to4", existeix una major flexibilitat ja que es poden construir des d'un ordinador situat a dintre de la xarxa local del client, o sigui situat darrera de NAT. En contrapartida, es requereixen dues adreces IPv6 especifiques per les dues puntes del túnel, el que no necessitaríem amb "6in4".

Per connectar-nos-hi, necessitarem que es reuneixin diverses condicions.

- En primer lloc, caldrà disposar d'una connexió Internet IPv4 "normal".

- També ens caldrà disposar d'un punt de connexió situat dins de l'Internet preparat per IPv6 que ens accepti formar un túnel. Aquest interlocutor se sol anomenar *tunnel broker*. Fa una mica el mateix paper que un proveïdor d'accés a Internet, però donant accés a IPv6.

- Necessitarem un parell d'adreces IPv6: una per la nostra punta del túnel, i l'altra pel tunnel broker. Generalment, és el mateix tunnel broker qui ens assignarà aquestes adreces, sovint en el mateix moment de connectar-nos-hi.

Hi han diversos tunnel brokers que proposen els seus serveis de manera gratuïta o de pagament. També n'hi han que proposen tots dos tipus de servei. Ara bé, la impressió general que se'n desprèn és que s'està proposant el servei d'accés a través de túnel tan sols com a solució temporal, mentre els ISP no donin un accés natiu amb IPv6 de manera més general. Són doncs serveis que, en les pròpies paraules d'aquestes empreses, acabaran per desaparèixer eventualment, quan la seva utilitat hagi caducat. De moment, ens permeten connectar-nos a l'IPv6 a partir d'una connexió IPv4 i passar-hi gairebé tot el que volem - tot i que solen existir algunes limitacions prou lògiques en quant al volum i al tipus de tràfic que podem passar-hi.

El procediment per connectar-s'hi comença per un registrament. Caldrà que ens hi identifiquem abans de poder obtenir un nom d'usuari i contrasenya d'accés. Això es pot justificar donat que el tunnel broker en realitat està donant el mateix accés als servidors i serveis que dóna un ISP. Per aquest motiu en molts països existeix el mateix tipus d'imperatiu legal de mantenir un registre de connexions i tràfic de dades que s'ha de poder posar a disposició de les autoritats judicials si així són requerits.

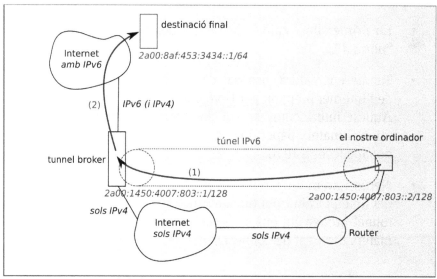

Esquema general de la connexió a un servidor amb IPv6, quan la nostre connexió a Internet és tan sols capaç de portar paquets IPv4

Una vegada registrats, ens caldrà descarregar el programari corresponent. Segons el tunnel broker, podrà tractar-se del programa `gogoc` o bé `aiccu`. Aquests programes es poden trobar fàcilment tant per sistemes operatius MicroSoft Windows com sobretot per GNU/Linux. Malauradament, altres sistemes operatius com els BSD i Mac OS-X semblen menys ben servits.

Alguns dels tunnel brokers gratuïts més emprats en l'actualitat són:

- Gogo6 / Freenet6

- SixXS

- Hurricane Electric / Tunnelbroker

Gogo6 i Freenet6

Amb aquest tunnel broker, que ofereix túnels "6to4", en primer lloc ens haurem de donar d'alta a Gogo6 a l'adreça http://www.gogo6.com a través d'un procediment de registre relativament ràpid. Al mateix temps, aprofitarem per descarregar el programari gogoClient (`gogoc`) per MS Windows si s'escau. Si treballem amb GNU/Linux, la majoria de distribucions ens permet descarregar i instal·lar una versió recent de `gogoc` des dels seus propis repositoris.

Després, cal que ens fem un perfil en un dels diferents servidors Freenet6 que ens faran de punts d'accés al túnel. El procediment per donar-se d'alta és individual per cadascun. Així, caldrà que escollim el que ens resulti més proper en termes geogràfics (per minimitzar els temps de transmissió), i que ens recordem de quin servidor era.

Armats amb el nom d'usuari i la contrasenya que hem establert, hem de configurar el programari `gogoc`[10], i posar-lo en marxa. Generalment, això implica editar el fitxer /etc/gogoc/gogoc.conf. Les indicacions més importants que hi haurem de col·locar són:

```
#-- els nostres nom d'usuari i contrasenya sobre el
servidor --
userid=nomUsuari
passwd=contraSenya
```

---

10 En GNU/Linux, el fitxer corresponent és /etc/gogoc/gogoc.conf. Atenció, ens caldrà operar amb drets d'administració per poder modificar aquest fitxer, i per poder parar o tornar a arrencar el servei `gogoc`.

```
#-- el servidor de Freenet6 al qual ens volem
connectar --
server=montreal.freenet6.net

#-- el mètode d'autenticació que fa servidor el
servidor
#-- tot i que existeixen diferents possibilitats, en
general
#-- el mètode digest-md5 ens convindrà --
auth_method=digest-md5
```

La resta dels paràmetres es poden deixar amb els seus valors per defecte. Ara podem tornar a engegar el servei:

```
# /etc/init.d/gogoc restart
```

Si hem tingut èxit, podrem fer servir el manament `ifconfig` per constatar que la nostra connexió està activa. Anem per bon camí si ens apareix la interfície tun, amb la seva adreça IPv6 global:

```
# ifconfig
tun  Link encap:UNSPEC  HWaddr
00-00-00-00-00-00-00-00-00-00-00-00-00-00-00-00
inet6 addr: 2a00:1450:4007:803::2/128 Scope:Global
UP POINTOPOINT RUNNING NOARP MULTICAST  MTU:1280
Metric:1
```

SixXS

Aquest servei també proposa tunels "6to4". S'accedeix al procediment de registre d'aquest tunnel broker a l'adreça http://www.sixxs.net. Té un temps d'espera una mica més llarg (bé, tot és relatiu...) ja que les peticions que fan els clients tenen un component de tractament manual, fet per humans. Per aquesta raó, convé que tinguem una mica de paciència, i que siguem molt correctes amb la nostra expressió i les informacions que els lliurem.

El procediment és una mica menys feixuc que amb Gogo6, ja que un tan sols s'ha de registrar en un únic punt. Aleshores, l'escollida i configuració del servidor és automàtic.

En aquest cas, el programari a descarregar és *Automatic IPv6 Connectivity Client Utility* o `aiccu`. En aquest cas també, el podem descarregar de la pàgina web de SixXS per MS Windows, o bé instal·lar-lo directament des dels repositoris de la majoria de distribucions GNU/Linux. En aquest, sí que existeixen alguns ports pels sistemes BSD i Mac OS-X, tot i que en aquest últim cas la seva instal·lació no és tan fàcil com la d'una aplicació nativa.

S'ha de fer la configuració en el fitxer /etc/aiccu.conf o bé C:\Windows\aiccu.conf segons s'escaigui, amb un contingut semblant al següent exemple:

```
username nomUsuari
password contraSenya
```

Es poden deixar els paràmetres restants amb els seus valors per defecte, i tornar a engegar el servei:

```
# /etc/init.d/aiccu restart
```

En aquest cas, el túnel que ens apareixerà tindrà per nom "sixxs", i portarà dues adreces IPv6 (una local i una global):

```
sixxs  Link encap:UNSPEC  HWaddr
00-00-00-00-00-00-00-00-00-00-00-00-00-00-00-00
inet6 addr: fe80::40:dead:beef:2/64 Scope:Link
inet6 addr: 2a00:1450:4007:803::2/64 Scope:Global
UP POINTOPOINT RUNNING NOARP MULTICAST  MTU:1280
Metric:1
```

Tunnelbroker

Pel que fa a Tunnelbroker, es tracta d'un servei d'accés mitjançant túnel ofert per una de les empreses més grans del sector IPv6, Hurricane Electric. Malauradament, de moment tan sols ofereix túnels "6in4", el que implica una configuració més complexa. Ara bé, el fet que no requereixi programari específic com gogoc o aiccu fa que sigui accessible a un major nombre de sistemes operatius.

Després de registrar-se a l'adreça http://tunnelbroker.net, caldrà que configurem el nostre router perquè deixi entrar paquets destinats al port 41 (el port TCP/IP que serveix per encapsular paquets IPv6 dins de paquets IPv4), i els reenvii cap al nostre ordinador. Després, caldrà establir el túnel al nostre ordinador, seguint els passos necessaris pel nostre sistema operatiu.

En els sistemes basats en UNIX i que disposin del manament ip (com per exemple GNU/Linux), caldrà donar una instrucció semblant a aquesta:

```
# ip tunnel add tun0 mode sit remote <adreça remota>
local <adreça local> ttl 255
# ip link set tun0 up
# ip addr 2a00:1450:4007:803::2/64 dev tun0
# ip route add ::0 dev tun0
```

Si analitzem aquests manaments un per un:

1. En primer lloc, creem el túnel pròpiament dit entre el nostre ordinador i el tunnel broker. Caldrà reemplaçar <adreça remota> per la seva adreça IPv4 , i <adreça local> per l'adreça IPv4 *del nostre router* – no serà l'adreça del nostre ordinador, ja que aquest probablement serà una adreça privada.

2. Activem el túnel.

3. Assignem l'adreça IPv6 global que el tunnel broker al nostre extrem del túnel. Es tracta de l'adreça IPv6 que el tunnel broker ens va assignar en el moment de registrar-nos.

4. Finalment, creem un camí per defecte. Aquest desviarà els missatges IPv6 que emetem a través del túnel cap al broker.

Per no haver de tornar a entrar aquests manaments a cada vegada que posem l'ordinador en marxa, es pot automatitzar aquest procés afegint aquesta entrada al nostre fitxer /etc/network/interfaces:

```
auto tun0
iface tun0 inet6 v4tunnel
      # la nostra adreça IPv6
      address  2a00:1450:4007:803::2/64
      # la seva adreça IPv4
      endpoint <adreça remota>
      # la nostra adreça IPv4
      local <adreça local>
      ttl 225
      # la seva adreça IPv6
      gateway 2a00:1450:4007:803::1
```

Per la majoria de sistemes operatius de la família UNIX (entre altres, els sistemes BSD i Mac OS-X), els manaments corresponents serien:

```
# ifconfig gif0 tunnel <adreça local> <adreça
remota>
# ifconfig gif0 up
# ifconfig gif0 inet6 2a00:1450:4007:803::2
prefixlen 64 alias
# route add -inet6 2a00:1450:4007:803::1 -prefixlen
128 2a00:1450:4007:803::2
```

Pel que fa als sistemes operatius MS Windows, ens caldrà fer servir el programa netsh, d'un funcionament similar però diferent als anteriors.

En resum, tot i que l'opció dels túnels "6in4" deixa oberta la possibilitat de connectar-se a l'Internet per una majoria de sistemes operatius, la seva complexitat tècnica la fa poc aconsellable. Si podem, serà preferible començar per accedir a través d'un túnel "6to4" i d'un programari que efectuarà els canvis de configuració de xarxa de manera més automàtica.

Investigar el nostre entorn

Què hi ha al nostre voltant?

Una vegada que ens hem connectat a la xarxa amb IPv6, que sigui directament o a través d'un túnel, sense dubte tindrem ganes de començar a investigar aquest nou món. Quins paisatges i quines espècies de fauna i flora hi trobarem?

Una part d'aquesta investigació pot tenir lloc al teclat, emprant el terminal en mode text. No és potser la manera més agradable de reconèixer el seu entorn, però té l'avantatge de proporcionar informacions precises de manera ràpida.

Així, el primer manament que farem servir és el mateix **ifconfig** (**ipconfig** en versió MS Windows). Amb aquest manament veurem com cada interfície de xarxa té diferents adreces IPv6. Això ja ens canvia del món IPv4, ja que en aquest en general tan sols s'assigna una única adreça IP a una mateixa interfície. Però amb IPv6 ens podem trobar amb situacions com aquesta:

```
# ifconfig
wlan1 Link encap:Ethernet  HWaddr 00:1c:26:31:74:c5
    inet6 addr: fe80::21c:26ff:fe31:74c5/64 Scope:Link
    inet6 addr: 2a00:1450:4007:803::1/64 Scope:Global
    inet6 addr: fc00:6::1/64 Scope:Global
```

En aquest cas, la nostra interfície té no una ni dues, sinó tres adreces IP! A més, es tracta d'adreces de tipus diferent, i que s'han de fer servir en àmbits diversos:

La primera adreça, fe80::21c:26ff:fe31:74c5/64, és tal com indica una adreça IPv6 que tan sols té com a àmbit d'aplicació el *Link*, o sigui l'**enllaç físic (*link-local*)**. Aquest tipus d'adreça té diferents particularitats:

- És una adreça *autoconfigurada*[11], sense cap mena d'intervenció per part nostre. En sistemes operatius que incorporin IPv6, sempre s'assigna una adreça *link-local* a cada adreça, encara que no disposem de cap connexió amb l'Internet.

- Tan sols ens servirà per contactar altres ordinadors en el mateix enllaç. Per això hem d'entendre que formen part de la mateixa xarxa local, o més concretament del mateix segment. No es podran "veure" si ubiquem un o més routers entre ells. Tan sols els *switch* (o punts d'accés WiFi) deixen passar aquest tipus de tràfic.

- Es poden reconèixer aquestes adreces fàcilment, ja que totes comencen per la cadena fe80:. En el món de MS Windows, aquestes adreces solen anar postfixades pel número de la interfície a la qual estan assignades. Per exemple: fe80::21c:26ff:fe31:74c5%2 és una adreça assignada a la interfície de xarxa número 2. En altres sistemes operatius, les adreces *link-local* van postfixades amb l'identificador de la interfície de xarxa: en0, eth1, wlan2, etc.

---

11   Procés que es coneix com "Stateless Address Autoconfiguration".

Activitat

Si disposem de diversos ordinadors connectats en una mateixa xarxa, si es tracta d'ordinadors amb sistemes operatius relativament recents hauran configurat automàticament les seves interfícies de xarxa amb adreces IPv6. Encara que no tinguem cap accés a Internet podem malgrat tot provar la seva connectivitat mitjançant el manament ping6 – que seria l'equivalent del conegut manament ping, però que coneix IPv6.

Provem de fer un ping6 a una de les adreces IPv6 *link-local*, emprant sobre la nostra màquina la interfície en0:

```
# ping6 -c 3 -n fe80::2e0:7dff:feb0:9fb5%en0

PING6(56=40+8+8 bytes)
fe80::217:f2ff:fede:ddd3%en0 -->
fe80::2e0:7dff:feb0:9fb5%en0

16 bytes from fe80::2e0:7dff:feb0:9fb5%en0,
icmp_seq=0 hlim=64 time=0.583 ms

16 bytes from fe80::2e0:7dff:feb0:9fb5%en0,
icmp_seq=1 hlim=64 time=0.356 ms

16 bytes from fe80::2e0:7dff:feb0:9fb5%en0,
icmp_seq=2 hlim=64 time=0.367 ms
```

La segona adreça, 2a00:1450:4007:803::1/64, és una **adreça global** (*global address*). Aquestes adreces tenen com a àmbit de treball la totalitat d'Internet:

- Han doncs de ser úniques, diferents de totes les altres en tot Internet (especialment important si hi estem connectats mitjançant IPv6!).

- Ens serviran per enviar i rebre missatges des d'Internet.

- Sempre serà el nostre proveïdor d'accés (o el proveïdor de túnel) qui ens assignarà aquestes adreces. I estem obligats a emprar-les perquè l'encaminament des de i cap a l'Internet pugui funcionar correctament.

Activitat

Si disposem d'un ordinador connectat a Internet amb IPv6, podem fer servir el mateix manament ping6 per determinar si el nostre ordinador pot comunicar amb un altre a través de la xarxa. Ho podem fer sigui emprant directament l'adreça IPv6 de l'altre ordinador

```
# ping6 -c 3 -n fe80::2e0:7dff:feb0:9fb5%en0
```

o bé, si es tracta d'un servidor amb domini propi, fent servir el seu nom de domini:

```
# ping6 -c 3 -n ipv6.google.com
```

Un altre manament interessant pot ser traceroute6. Aquest ens permet traçar el camí que segueixen els paquets des del nostre ordinador fins a l'altre:

```
# traceroute6 ipv6.google.com
```

```
traceroute to ipv6.l.google.com (XXXX) from
XXXX, 30 hops max, 16 byte packets

 1  (el nostre subministrador de túnel IPv6)
 2  ix-5-0-1.6bb1.MTT-Montreal.ipv6.as6453.net
 3
if-ge-11-2-6.247.tcore1.MTT-Montreal.ipv6.as6453
.net
 4  if-ae0.2.tcore2.MTT-Montreal.ipv6.as6453.net
 5  if-ae2.2.tcore2.NYY-NewYork.ipv6.as6453.net
 6  if-ae11.2.tcore1.NYY-NewYork.ipv6.as6453.net
 7  if-ae5.5.tcore1.NTO-NewYork.ipv6.as6453.net
 8  if-11-0-0.core3.NTO-NewYork.ipv6.as6453.net
 9  (el primer router de Google)
```

Atenció: el manament traceroute6 genera bastant tràfic de xarxa. Per aquest motiu no es considera massa cortès la seva utilització extensiva. S'aconsella doncs evitar abusar-ne!

Finalment, la tercera adreça IPv6 d'aquesta interfície, fc00:6::1/64, és una adreça de tipus **restringida a la nostra infraestructura (*site-local*)**. Aquest tipus d'adreça correspon bastant de prop a les adreces privades de l'IPv4. Són adreces que es poden assignar als ordinadors d'una xarxa local, de tal manera que:

- Han de ser adreces úniques tan sols dins d'aquesta xarxa local.

- No s'encaminen per Internet, i doncs es poden repetir les mateixes adreces en altres xarxes locals.

- Serveixen tan sols per comunicar els ordinadors de la xarxa local, encara que aquesta es trobi segmentada amb un o més *routers* interns. fe80::2e0:7dff:feb0:9fb5

Exemple

Una xarxa local de certa envergadura es pot segmentar en diferents sectors, interconnectats mitjançant *routers*. Aquesta disposició és convenient sobretot quan el nombre d'ordinadors és molt elevat (més d'una vintena, aproximadament). Alguns serveis de xarxa (com la compartició de directoris o impressores de MS Windows) depenen de l'emissió constant de missatges de reconeixement entre ordinadors: si és el cas, adjuntar tots els ordinadors d'una empresa en un sol segment pot arribar a generar certa saturació de la xarxa.

Per exemple, en una empresa que té una xarxa constituïda per diferents departament, es podria configurar de la manera següent:

- Un segment pel departament de màrqueting, gran consumidor d'amplada de banda quan transfereix fitxers d'imatge i vídeo entre els seus ordinadors. Aquest segment tindria el bloc d'adreces fc00:1000::/64 .

- Un altre segment pel departament de producció, que se situa físicament a certa distància de les oficines. Aquest segment tindria el bloc d'adreces fc00:2000::/64 .

- Un tercer segment per la comptabilitat, que vol gaudir d'una major confidencialitat respecte als altres ordinadors de l'empresa. Aquest segment tindria el bloc d'adreces fc00:3000::/64 .

- Finalment, aquests tres segments serien connectats entre sí mitjançant un o més *routers*, que també proporcionarien el servei de *firewall* i la sortida cap a Internet. Si fos necessari, aquests *routers* podrien fer servir el bloc d'adreces fc00:0::/64 per les adreces de la xarxa troncal de l'empresa.

Quins programes funcionen amb IPv6?

Per sort, la majoria dels programes destinats a funcionar amb Internet avui en dia ja estan preparats per treballar tant amb IPv4 com amb IPv6. En tot cas, és així pels programes més usuals.

Naturalment, caldrà que es tracti de versions relativament recents, ja que el suport per IPv6 s'ha anat integrant a poc a poc sobre els anys. En tot cas, per saber si el nostre navegador favorit sap fer servir IPv6 el millor és examinar la documentació que l'acompanyava. Sovint disposarem d'un aparat titulat "release notes" que ens informarà al respecte.

Poden existir algunes diferències entre sistemes operatius, i entre diferents versions del mateix programari. Així, si el nostre ordinador disposa de les dues possibilitats per connectar-se a la xarxa, tant IPv4 com IPv6, en alguns casos intentarà primer connectar-se mitjançant IPv6, i si no funciona tornarà a intentar via IPv4. En d'altres casos, l'ordre serà l'invers.

Un dels primers servidors "clàssics" del món de l'IPv6 és la "tortuga ballaire" del projecte KAME. Aquest projecte representa el primer intent de conversió que es va dur a terme al Japó. En la seva plana web a l'adreça http://www.kame.net podem veure una tortuga dibuixat amb estil manga; si ens estem connectant a través d'IPv4, tan sols tindrem dret a la imatge estàtica de la tortuga. Per contra, si ens connectem a través d'IPv6 també la veurem "ballar":

La tortuga ballant del projecte KAME

Els navegadors d'Internet més coneguts -MS Internet Explorer, Mozilla Firefox, Google Chrome i Opera- coneixen IPv6 i a més, si és disponible, el prefereixen per damunt de IPv4.

Per comprovar la connexió, dues pàgines a les que podem connectar quan disposem d'una connexió IPv6 i que ens proporcionaran més informació que el projecte Kame són http://test-ipv6.com i http://ipv6-test.com .

El primer ens donarà alguns detalls sobre la nostra connexió IPv6. Ara bé, és important notar que si ens connectem a través d'un túnel, tan sol ens podrà informar sobre l'adreça IPv6 de la qual li sembla provenir la nostra petició - altrament dit, l'adreça IPv6 del proveïdor del túnel.

Així, en la captura de pantalla següent, veiem com aquest ordinador estava connectat a l'Internet amb IPv6 a través d'un túnel de Freenet6, emprant com a servidor de túnel un ordinador situat a Montreal, Canadà. És per aquest motiu que ipv6-test.com l'identifica com si fos un usuari canadenc.

Captura de pantalla de http://ipv6-test.com

Pel que fa a la segona adreça, fa una sèrie de comprovacions lleugerament més completes, incloent-hi qüestions com les capacitats del servidor DNS[12] emprat.

---

12 Recordem que el Domain Name Service o *Servei de Resolució de Domini* és el servei que permet al nostre ordinador traduir dominis com "www.facebook.com" en una adreça IP vàlida. Alguns *routers* incorporen un servidor DNS limitat, que tan sols fa la petició de l'adreça IPv4 corresponent. D'altres, més recents, ens retornaran tan l'adreça IPv4 com també l'adreça IPv6 - a condició, naturalment, que el servidor en tingui.

En la captura de pantalla següent, el navegador s'estava executant en un ordinador que tenia connexió a IPv6 mitjançant un túnel a través d'IPv4. L'únic problema detectat era que el servidor DNS integrat en el seu *router* tan sols determinava adreces IPv4:

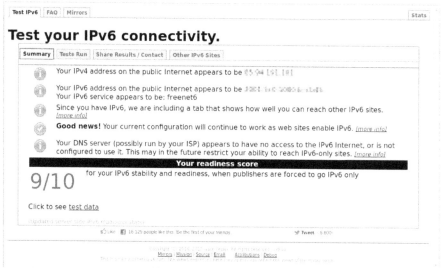

Captura de pantalla de http://test-ipv6.com

Altres programes d'ús corrent podrien ser els lectors de correu, com per exemple Mozilla Thunderbird. Aquests programes, quan es tracten de versions prou recents i el servidor de correu té capacitat per IPv6, també poden fer servir IPv6 per comunicar-s'hi.

De fet, com que la configuració del lector de correu de correu se sol fer emprant noms de domini ("smtp.servidor.com") i no adreces IP, és força possible que el lector de correu detecti per ell mateix l'existència d'una connexió IPv6 a Internet i el faci servir sense cap configuració suplementària per part de l'usuari.

Les implementacions d'altres serveis més esotèrics com Secure Shell (ssh) i SSH File Transfer Protocol (sftp) també solen tenir capacitat per IPv6. Així, podrem connectar-se segurament a terminals remots o transferir fitxers de manera segura a través d'IPv6. En parlarem més detalladament en l'últim capítol d'aquest llibre.

Activitat

Si el nostre ordinador empra un servidor DNS que no determina adreces IPv6 -situació habitual quan ens connectem a través d'una xarxa local- pot ser que no podem navegar a la versió IPv6 de pàgines web. S'entén ja que el nostre navegador comença per demanar l'adreça IP corresponent al domini que hem indicat, abans de fer la petició de la pàgina directament al servidor.

Aquest problema es pot resoldre fàcilment imposant l'ús d'un altre servidor DNS. N'hi han uns quants que resolen adreces IPv6, i als que es pot accedir tant a través de IPv4 com IPv6. Per exemple:

- els servidors DNS de Google:

> amb IPv4:   8.8.8.8 i 8.8.4.4
>
> amb IPv6:   2001:4860:4860::8888 i
>
> 2001:4860:4860::8844

- OpenDNS.com:

> amb IPv4:
>
> amb IPv6:   2620:0:ccc::2 i 2620:0:ccd::2

Es pot indicar el nostre servidor (o servidors) DNS preferits tant mitjançant línia de manaments:

```
# echo "nameserver 8.8.4.4" > /etc/resolv.conf
```

També es pot configurar en la típica eina gràfica de configuració de la xarxa.

Què no funciona amb IPv6?

Poden existir dues situacions en què encara no ens funcioni IPv6.

La primera seria el cas d'un programari o dispositiu que senzillament no admet aquest protocol. El en cas de dispositius com impressores làser, avui en dia comencen a sortir al mercat amb capacitat per IPv6, però no era així fa tan sols uns pocs anys. Per això, és bastant possible que una impressora làser connectada en xarxa ja no ens funcioni si hem desactivat IPv4 en el moment de passar a IPv6.

Ara bé, com que generalment és possible mantenir funcionant a la vegada IPv4 conjuntament amb IPv6, aquest fet no ens hauria de provocar excessius mals de cap. Per contra, si volem eliminar totalment IPv4 i quedar-nos tan sols amb IPv6, en alguns casos hauria de ser possible posar al dia el programari *"firmware"* de l'impressora, col·locant-hi una versió més recent que sí conegui IPv6.

També així per altres dispositius amb capacitat per connectar-se en xarxa, com seria el cas de la majoria dels aparells electrònics previstos per ser controlats a distància, per exemple des del telèfon mòbil.

En altres casos, es pot tractar d'un programari o dispositiu que en teoria admet IPv6 – però que a la pràctica falla. Sovint es tracta de programari "d'un sol ús", com podria ser el programa relativament simple que serveix per fer la instal·lació d'una aplicació més estesa. Una de les seves funcions, tractant-se de programari comercial, sol ser connectar-se als servidors de l'empresa que l'ha fabricat, per verificar la llicència d'ús i registrar-s'hi. Ara bé, aquests programes no sempre han estat objecte del mateix grau de verificació i tests que l'aplicació definitiva, motiu pel qual es poden bloquejar quan intenten connectar-se a un servidor que tan sols té adreça IPv4 - però a través de la infraestructura de xarxa IPv6.

En aquestes situacions, tan sols queda el recurs de mantenir la connectivitat IPv4 (o desactivar IPv6) durant el procés de verificació o registre, i després tornar-se a connectar mitjançant IPv6 quan s'hagi pogut dur a terme amb èxit.

En resum, en el moment de connectar-nos amb IPv6, ens podem esperar que durant un període d'alguns anys alguns programes i alguns dispositius ens obliguin a mantenir una connexió IPv4 de manera paral·lela.

Connectar una xarxa local amb IPv6

Encaminament, també amb IPv6

Una vegada que hem connectat un ordinador sol a l'Internet amb d'IPv6, el següent pas podria ser permetre als altres dispositius nostres accedir-hi també a través del primer ordinador. És el que explorarem en aquest capítol.

En un capítol anterior hem tractat com connectar un sol ordinador a l'Internet amb IPv6, sobretot emprant la tècnica del túnel. En aquesta situació, generalment és el servidor del túnel que s'encarrega dels temes d'encaminament: dins la nostra xarxa tan sols fem servir una única adreça IPv6, la que correspon al nostre ordinador. L'encaminament consisteix doncs tan sols en assegurar-nos que la nostra adreça és visible des d'Internet, i que els missatges que ens estiguin dirigits realment ens arribin a través del túnel.

Ara bé, la majoria dels proveïdors d'accés mitjançant túnel en realitat no ens assignen tan sols una única adreça IPv6, sinó que ens assignen un rang d'adreces. Això ens permetrà connectar no tan sols el nostre ordinador, sinó tots els dispositius de la xarxa local. Ara bé, si ho volem fer ens haurem d'encarregar d'efectuar nosaltres mateixos l'encaminament dels missatges a l'interior de la nostra xarxa:

- acceptant els missatges generats per altres ordinadors de la xarxa, i dirigint-los cap a Internet a través del túnel;

- acceptant les respostes que provinguin des d'Internet, i tornant-los a dirigir cap a l'ordinador que va fer la petició original.

De fet, és exactament el mateix que fa un *router* d'Internet IPv4 tal com el coneixem; ara bé, convé recordar que en aquest cas tindrem una gran diferència que és la desaparició de *Network Address Translation* o NAT.

Per sort, existeixen eines que ens permetran agilitzar i bastant el procediment. El més important és el procediment de configuració automàtica *("autoconfiguració")* que poden emprar les interfícies amb IPv6, i que resulta bastant diferent del mecanisme emprat amb IPv4.

En efecte, amb IPv4 calia fer servir el servei *Dynamic Host Configuration Protocol* (DHCP). Amb aquest, quan engeguem un ordinador o altre dispositiu i el connectem a la xarxa, emet un missatge especial conegut com DHCP REQUEST, que essencialment anuncia la seva presència a la xarxa i demana si hi és present algun servidor DHCP.

Quan el nostre servidor DHCP -generalment incorporat en el router- detecta tal missatge, hi respon amb un missatge DHCP REPLY, indicant l'adreça IP que el client podrà emprar, la màscara de xarxa, la seva pròpia adreça IP (del *router*) per a poder configurar l'encaminament, i el servidor DNS a emprar.

Aquest procediment pot resultar bastant feixuc. De fet, el protocol DHCP és un protocol bastant antic i que ha anat incorporant progressivament una sèrie de característiques sobre els anys. També se s'ha fet una versió compatible amb IPv6, prou lògicament conegut com DHCPv6. Ara bé, no resultarà necessari ni útil a menys que volem fer ús d'algunes de les seves funcionalitat més avançades, com podria ser fer arrencar terminals a través de la xarxa[13].

En comptes d'això, amb IPv6 pot ser més interessant fer servir el nou sistema conegut com *Route Advertisement* (RADV). Aquest servei és concebut des de l'inici per treballar amb IPv6, i funciona de la manera següent:

- El client arrenca, i es connecta a la xarxa. Immediatament, ja disposa d'una primera adreça IPv6 que serà l'adreça *link-local* (que comença per la cadena `fe80:`, com per exemple `fe80::2e0:7dff:feb0:9fb5`). Podrà fer servir aquesta adreça per comunicar-se amb els altres ordinadors connectats al mateix segment de xarxa.

- Els *routers* o altres ordinadors que facin la funció d'encaminador IPv6 tenen instal·lat un servidor que faci anuncis RADV. Aquests anuncis es fan de manera periòdica, sovint cada 3 a 10 segons.

- Quan el client detecta un anunci RADV, fa servir la informació que conté per determinar el segment d'adreces IPv6 que serveix aquell *router*, i s'autoconfigura la seva interfície de xarxa amb una nova adreça dins d'aquell segment.

---

13 Aquest procediment, conegut com PXE, permet arrencar ordinadors o terminals desproveïts de disc dur, subministrant-los el nucli del sistema operatiu i el sistema de fitxers a través la xarxa. La tecnologia presenta alguns avantatges sobretot quan es vol gestionar un gran conjunt de llocs de treball amb una configuració semblant o idèntica. És doncs una tecnologia que s'empra sobretot en el marc de xarxes corporatives o educatives de certa entitat, i molt rarament en l'àmbit d'una xarxa local domèstica.

Per exemple, si l'anunci RADV proposa el segment d'adreces `fc00:6::/64`, el client farà servir l'adreça física (adreça MAC) de la seva tarja de xarxa per formar una adreça IPv6 dins del segment, per exemple `fc00:6::2e0:7dff:feb0:9fb5`:

```
fc00:6::2e0:7dff:feb0:9fb5
^----^  ^----------------^
  net          host
```

El segment proporcionat pel *router* forma la primera part **net** de l'adreça –sovint els primers 64 bits-, mentre que l'adreça MAC de la tarja de xarxa del client formar la segona part **host** -els 64 bits restants-.

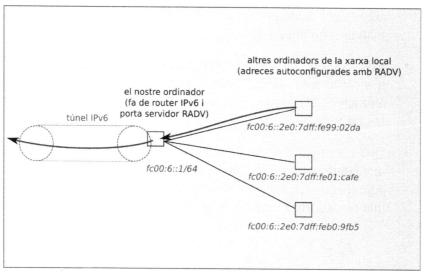

Connexió d'una xarxa local sencera a Internet. L'ordinador que porta el túnel IPv6 també té activat l'encaminament IPv6, i porta un servidor RADV per permetre configurar els altres ordinadors de manera automàtica

L'adreça física és un codi identificatiu únic assignat pel fabricant de la tarja en el seu moment, el que ens assegura que l'adreça física de la tarja de xarxa sigui única en tot el món. A la vegada, això fa a la vegada que l'adreça IPv6 generada estarà a dins del segment subministrat pel *router*, i a la vegada que serà una adreça IP única dins d'aquest segment.

Avantatges de RADV sobre DHCP

Com a avantatges de RADV, podem esmentar els següents:

a. És un protocol "lleuger" ja que requereix poc processament tant per part del servidor, com del client.

b. Permet que es configurin automàticament més d'una adreça en cada interfície de xarxa. Així, podem tenir perfectament diversos *routers* presents en una mateixa xarxa, que proporcionin camins diferents i redundants per accedir a Internet, el que seria gairebé impossible aconseguir amb DHCP.

c. Permet que els canvis de configuració que es facin a nivell de la infraestructura de xarxa es repercuteixin immediatament i de manera dinàmica als clients, sense tall de servei. Tot i que això podria semblar un cas poc corrent en xarxes ja estabilitzades, sovint sí es produeix quan el client és nòmada i es connecta al mateix temps o successivament a diferents segments de la xarxa mitjançant WiFi.

Configurar tal servei no és difícil si partim d'un ordinador amb sistema operatiu GNU/Linux, i que estigui ja connectat a Internet amb IPv6. Suposem, per aquest exemple, que el proveïdor de servei ens hagi assignat:

- la nostra adreça IPv6 (extrem del túnel): `2a00:1450:4007:803::2/64`;

- el segment d'adreces IPv6 (pels altres ordinadors a la nostra xarxa local): `2a00:1450:4007:813::/64`.

En primer lloc configurarem el servidor GNU/Linux perquè faci de *router*, activant l'encaminament de missatges IPv6 amb el manament següent:

```
echo 1 > /proc/sys/net/ipv6/conf/all/forwarding
```

Ara, instal·larem el servidor `radvd`, que és el que farà els anuncis automàtics. En distribucions basats en Ubuntu es pot fer amb el manament següent:

```
# apt-get update ; apt-get install radvd -y
```

En altres distribucions, el procediment serà similar, emprant l'aplicació de gestió del programari corresponent.

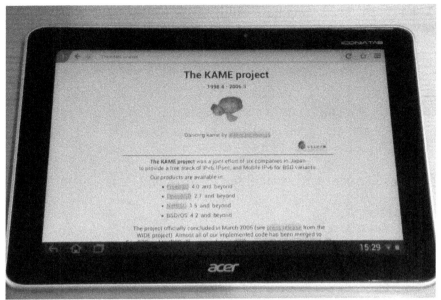

Un dispositiu mòbil, connectat a Internet a través d'IPv6 amb un ordinador fent funcions de router i executant radvd

Afegirem el fitxer de configuració de radvd, que es diu /etc/radvd.conf i que ha d'incloure el segment d'adreces que hem obtingut del nostre proveïdor d'accés:

```
interface eth 0
{
        AdvSendAdvert on;

        MinRtrAdvInterval 3;
        MaxRtrAdvInterval 10;

        prefix 2a00:1450:4007:813::/64
        {
                AdvOnLink on;
                AdvAutonomous on;
```

```
            AdvRouterAddr on;
        };
    };
```

Hi hem incorporat la interfície de xarxa a través de la qual volem fer els anuncis, en aquest cas la primera interfície Ethernet `eth0`. També hi hem posat el segment d'adreces que hem obtingut del nostre proveïdor d'accés, `2a00:1450:4007:813::/64`.

Finalment, tornem a arrencar el servei radvd amb la nova configuració:

```
# /etc/init.d/radvd restart
```

A partir d'aquest moment, esperant uns pocs segons hauríem de veure com els altres dispositius de la xarxa han obtingut una adreça IPv6 i la poden fer servir per connectar-se a Internet – i això sense haver-los de parar i tornar a arrencar.

Si volem automatitzar el procés perquè s'apliqui la configuració a cada vegada que arrenquem el sistema, podem inserir els manaments corresponents en el fitxer `/etc/rc.local`.

La utilitat d'un servidor DNS

En la secció anterior, hem vist com connectar els dispositius de la xarxa a Internet a través del nostre ordinador, que farà funcions d'encaminador. Però pot ser que no puguin accedir als servidors a través d'IPv6 si el nostre servidor DNS no proporciona les seves adreces.

La majoria dels servidors DNS incorporats en *routers* domèstics solen obviar les adreces IPv6. Tan sols responen amb les adreces IPv4, amb el qual és possible que els nostres dispositius tinguin accés a la xarxa amb IPv6, però no puguin ubicar els servidors. Per resoldre aquest problema, existeixen al menys dues solucions diferents.

La primera és indicar als nostres clients -ordinadors o dispositius de la xarxa- l'adreça d'un servidor DNS diferent del *router*. Hem comentat anteriorment alguns servidors alternatius, que informen tant sobre les adreces IPv6 com les IPv4 corresponents a cada domini. Com ho farem pot ser tant simple com afegir aquesta informació a la configuració de xarxa del dispositiu. Alternativament, si disposem d'un servidor DHCP a la xarxa, encara que aquest ens serveixi tan sols per donar adreces IPv4 als clients també es pot fer servir per indicar-los el nou servidor DNS a emprar.

Ja que la configuració DNS permet indicar més d'un servidor, podem per exemple donar als clients primer l'adreça IPv6 del servidor, i després l'adreça IPv4. Així, primer intentarà connectar-s'hi emprant IPv6, i tan sols si aquest camí no funciona tornarà a intentar emprant IPv4.

Per exemple:

```
2001:4860:4860::8888, 8.8.8.8
```

Una segona opció, variant de la primera, és instal·lar el nostre propi servidor DNS, per exemple sobre l'ordinador que fa de *router* cap a Internet amb IPv6.

Tot i que aquesta solució podria semblar complex, en realitat no ho és tant, al menys mentre ens limitem a indicar al nou servidor que tan sols ha de fer de servidor *forwarder*; o sigui que no tractarà directament les peticions DNS, sinó que les reenviarà a un servidor DNS extern – servidor que, naturalment, haurem triat per la seva capacitat a retornar adreces IPv6.

Per exemple, si instal·lem el servidor DNS anomenat `bind` (molt conegut en entorns UNIX i GNU/Linux), simplement haurem de modificar el fitxer de configuració `/etc/bind/named.conf.options`, afegint-hi un text similar al següent:

```
forwarders {
    2620:0:ccc::2 ;          // OpenDNS , via IPv6
    2001:4860:4860::8844 ; // Google , via IPv6
    8.8.4.4 ;                // Google , via IPv4
};
```

Aleshores, tornem a arrencar el nostre servidor

```
# /etc/init.d/bind9 restart
```

i podem donar la seva adreça als clients com a servidor DNS per defecte.

Atenció!

Recordem una vegada més que amb IPv6 ja no es fan servir adreces IP privades, ni tampoc NAT. Això vol dir que si connectem els ordinadors de la nostre xarxa local directament a Internet sense més, tots estaran directament visible des de la Xarxa – i potencialment es podrien veure atacats des de l'exterior.

Per això, si els connectem a l'Internet, és especialment important prestar atenció a la nostre **seguretat de la xarxa local**. Això es pot fer de dues maneres, complementàries:

a. Instal·lant un bon *firewall* sobre l'ordinador que dóna connexió a l'Internet – i vetllant que estigui ben configurat per bloquejar atacs externs.

b. Assegurar-nos que els dispositius connectats mitjançant IPv6 disposin cadascun dels seus propis sistemes de protecció: *firewall* propi o sistema de detecció d'intrusions. També convé tancar tots els ports (serveis) que no vulguem que siguin accessible des d'Internet.

Alternativament, com veurem en la secció següent l'ús del sistema de *proxy* vol dir que tan sols un dels ordinadors de la nostre xarxa serà visible directament des d'Internet. Això ens simplifica la qüestió de la seguretat, ja que tan sols ens haurem de cuidar de la seva seguretat – una vegada més, mitjançant un bon *firewall*.

Una solució de facilitat: un proxy HTTP

Segons el tràfic de xarxa que volem deixar passar entre els ordinadors de la nostra xarxa local i Internet, un servidor proxy HTTP pot ser una solució tècnicament poc complexa, i possiblement més segura.

Un servidor *proxy* HTTP funciona de la manera següent:

1. Un navegador web genera una petició de pàgina, de la manera acostumada. Però en compte d'enviar la petició directament al servidor concernit, l'envia al servidor *proxy*.

2. El servidor *proxy* reenvia la petició al servidor web, i en rep la resposta.

3. El servidor *proxy* reenvia la resposta a l'ordinador que va fer la petició en primer lloc.

La bellesa del sistema rau en el fet que HTTP és un protocol de nivell superior tant a IP com a TCP; així els missatges HTTP poden circular igualment tant a través de IPv4 com a través de IPv6. És doncs possible una part de les comunicacions (entre el client i el *proxy*) es faci amb una versió del protocol, i l'altra part (entre el *proxy* i el servidor web) es faci amb l'altra.

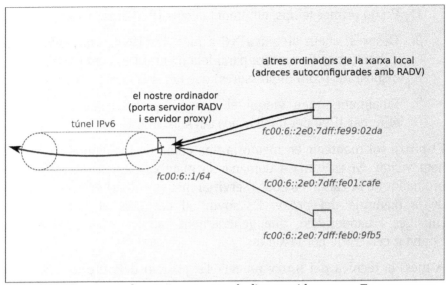

Xarxa local connectada a Internet a través d'un servidor proxy. En aquest cas, la xarxa local treballa tan sols amb IPv6, els clients es configuren automàticament des del servidor RADV, i es connecten a Internet a través del proxy HTTP i HTTPS

D'aquesta manera se'ns obra una sèrie de possibilitats:

- tenir una xarxa local configurada amb IPv4, però que pugui navegar a pàgines web tant amb IPv4 com amb IPv6;

- tenir la xarxa local configurada amb IPv6, i de la mateixa manera que pugui navegar a pàgines web tant amb IPv4 com amb IPv6;

- tenir la xarxa local configurada tant amb IPv4 com amb IPv6.

En tots els casos, tot el que necessitarem és que el servidor que faci de *proxy* tingui accés a l'Internet tant amb IPv4 com amb IPv6; altrament dit, si accedim a l'Internet IPv6 a través d'un túnel, caldrà que sigui l'ordinador que té el túnel que faci de servidor proxy.

Aquest mecanisme té doncs l'avantatge de ser tècnicament simple, i a la vegada molt flexible ja que ens permetrà anar migrant progressivament d'IPv4 a IPv6 a l'interior de la nostra xarxa:

1. En un primer temps, emprem tan sols IPv4 dins la xarxa local.

2. Després, anem afegint IPv6 a més de l'IPv4. Mantindrem els dos sistemes de manera paral·lela mentre tinguem necessitat de dispositius (com impressores) que tan sols coneguin IPv4.

3. Finalment, quan vingui el moment podem anar pensant en eliminar IPv4 per quedar-nos tan sols amb IPv6.

El *proxy* sol mantenir en memòria una còpia de les pàgines web que hem visitat. Si es torna a demanar la mateixa pàgina des d'un altre ordinador de la xarxa, es podrà servir al menys en part directament des de la memòria del *proxy*. És sovint el cas dels elements gràfics (imatges i banderoles), que generalment canvien poc. Així es pot estalviar cert tràfic per la xarxa.

A més, la tècnica del *proxy* redueix l'exposició dels ordinadors de la xarxa a possibles atacs que provinguin de l'Internet, factor certament interessant pels temps que corren. Tan sols ens haurem de preocupar de la seguretat de l'ordinador que fa de *router.*

Per contra, connectar-se a Internet mitjançant *proxy* té l'inconvenient que tan sols es podran fer servir alguns protocols. La majoria dels *proxies* estan concebuts per treballar tan sols amb els protocols HTTP i HTTPS de les pàgines web; així és força possible que no poguem configurar altres serveis com el correu. Però també és cert que una gran part del contingut actual a Internet es pot accedir a través de pàgina web; per aquest motiu considerem que aquest inconvenient pot o no esdevenir un problema, segons les necessitats concretes d'aquella xarxa local.

Treure profit d'IPv6

Tal com hem anat indicant fins ara en aquest llibre, una de les grans diferències entre IPv6 i l'anterior IPv4 és l'abandó del model d'adreces privades que s'han fet servir tant en l'àmbit de les xarxes locals. Passar a un model de visibilitat global a la vegada ens porta algun perill afegit, però també ens obra les portes a funcionalitats que amb IPv4, tal com se solia implementar, difícilment es podien proposar.

Visibilitat global

La visibilitat global vol dir que les nostres adreces IPv6 seran visibles (en terminologia de xarxa: "adreçables") des de qualsevol altre ordinador que estigui connectat a Internet amb IPv6. Bé, en realitat caldria matisar aquesta afirmació, ja que tan sols les adreces globals ho seran. Així, si el nostre ordinador té les tres adreces

```
fe80::21c:26ff:fe31:74c5/64
fc00:6::1/64
2a00:1450:4007:803::1/64
```

tan sols la última serà visible globalment. En efecte:

- La primera (fe80...) és una adreça amb abast tan sols de l'enllaç; tan sols serà visible pels altres ordinadors connectats directament o a través de *switch*.

- La segona (fc00...) és una adreça d'abast de la nostra xarxa privada; serà visible des de tots els ordinadors de la nostra organització, encara que hi hagi algun *router* intern entremig – però no es podrà veure "de portes enfora".

- Finalment, la tercera (2a00...) és la que té abast global, o sigui que serà adreçable des de l'exterior i l'Internet en general.

Naturalment, això ens pot suggerir alguns mecanismes de protecció. Entre altres, podem:

1. Configurar el nostre *firewall* perquè tan sols accepti cert tipus de petició entrant. S'aconsella l'ús de protocols xifrats per aquest propòsit (https, ssh, sftp, etc.)

2. Pels ordinadors que hagin de navegar cap enfora però que no hagin de proporcionar cap servei en direcció de l'Internet, configurar el *firewall* perquè tan sols accepti connexions "de dins cap enfora" - o sigui, iniciats pel nostre ordinador.

3. Finalment, pels ordinadors que no hagin de tenir connexió amb Internet, configurar-los tan sols amb adreces IPv6 d'abast local o de la xarxa privada. Així ens assegurem que no es podran atacar directament des de l'exterior, i eventualment els podem donar la possibilitat de navegar a la Web tan sols mitjançant un servidor proxy HTTP.

Pel la resta d'aquest aparat, suposarem que ens trobem en la primera configuració: el nostre ordinador té connectivitat amb l'exterior, tot i que bloquegem la majoria dels ports mitjançant *firewall*, deixant oberts tan sols els que ens interessa accedir-hi des de l'exterior.

Accés als nostres arxius des de qualsevol lloc

Els actuals patrons d'ús de l'Internet inclouen per molta gent la possibilitat d'accedir als nostres fitxers des de qualsevol lloc, seguint el concepte de *"cloud-based storage"* ("emmagatzematge al núvol). Serveis com Dropbox, Ubuntu One, Apple iCloud i d'altres faciliten la nostra vida sincronitzant les nostres dades entre ordinadors i amb *tablets* i telèfons, i donant-nos accés a les nostres dades des de qualsevol ordinador, per exemple quan estem de viatge.

Tot i això, el fet que les nostres dades estigui hostejades en servidors sobre els quals no tenim cap control fa que ens puguem plantejar certes recances:

- sempre hi han límits sobre el volum de dades que hi podem desar;

- malgrat la professionalitat que manifesten la majoria dels subministradors, podem preferir mantenir el control total sobre les nostres dades, sobretot si es tracta de dades sensibles (econòmiques, mèdiques o altres).

Naturalment, aquestes dificultats es poden salvar instal·lant el nostre propi servidor de dades a casa, donant-nos hi accés des de l'exterior.

Atenció!

La majoria de proveïdors d'accés a Internet posen objeccions al fet que proposem un servei públic des d'un abonament d'accés domèstic. El seu punt de vista es pot entendre, ja que un servei públic com una pàgina web sol generar molt més tràfic de xarxa que un ús estrictament privat. Finalment, no estem navegant a la Web 24 hores sobre 24!

És per aquest motiu que convé aclarir que el que estem proposant en aquest text és donar un accés privat a les pròpies dades. En cap moment suggerim establir un servidor públic des d'una xarxa domèstica. En realitat, per posar en marxa un servidor públic les qüestions de cost i de seguretat aconsellen recórrer als serveis d'un proveïdor professional, qui té experiència en aquests temes i ens podrà informar no tan sols en quant a la vessant tècnica, sinó també en quant a les implicacions legals de tenir un servidor obert al públic.

Per poder establir tal sistema d'accés als nostres fitxers, convé que respecti tres condicionants:

a) Cal que sigui segur, per no comprometre la privacitat de les nostres dades.

b) Cal que sigui fàcil de configurar, tant pel servidor com pels diversos clients que s'hi vulguin connectar – ordinadors, però també dispositius mòbils amb sistemes operatiu iOS i Android.

Un sistema que respon a aquest quadre és el servei SSH/SFTP. Aquest servei permet connectar-se al servidor en mode terminal, a través del protocol SSH – protocol encriptat, i al qual podem donar accés mitjançant contrasenya, o bé a través de certificat. Però al mateix temps aquest mateix servidor ens permetrà accedir als nostres directoris a través del servei SFTP. Aquest fa servir els mateixos ports (port TCP 22) i protocol, però permet accedir als nostres fitxers tant amb manaments en mode text com a través d'una finestra gràfica.

A nivell del servidor, la seva configuració és molt senzilla. En un servidor GNU/Linux, tan sols ens caldrà afegir el paquet de programari `openssh-server`. Per exemple, amb Ubuntu:

```
# apt-get install openssh-server
```

Això és tot. En el moment de la seva instal·lació el servidor es crea un parell de claus criptogràfiques, que es faran servir per assegurar les comunicacions amb els clients.

Per comprovar el seu funcionament, podem accedir-hi en mode text des d'un altre ordinador amb el manament `ssh`:

```
# ssh servidor
The authenticity of host 'servidor (fc00:aaaa::1)'
can't be established.
Are you sure you want to continue connecting
(yes/no)? yes
Warning: Permanently added 'servidor,fc00:aaaa::1'
(ECDSA) to the list of known hosts.
root@servidor's password:  ****
Welcome to Ubuntu 11.10 (GNU/Linux 3.0.0-28-generic
i686)
Last login: Mon Apr 15 11:18:26 2013
root@servidor:~#
```

A partir d'aquest moment ja podem accedir als nostres fitxers des del navegador de fitxers de l'ordinador client[14]. Per fer-ho, demanarem al navegador de fitxer connectar-se a l'adreça amb la forma següent:

```
sftp://[adreça_ipv6_servidor]
```

Hauríem de veure aparèixer els fitxers del nostre entorn sobre el servidor a la finestra. Hi podrem copiar fitxers, esborrar-ne, canviar noms, etc. exactament com si es tractés del nostre disc dur sobre el client, o d'un *pendrive* amb USB.

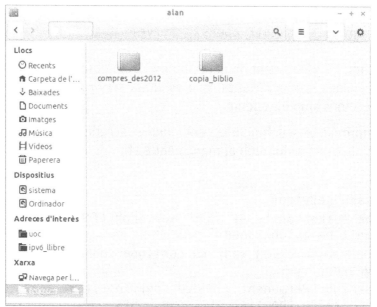

Navegant pel disc dur del servidor, indicat mitjançant la seva adreça IPv6

---

14 En alguns sistemes operatius (iOS, Android), necessitarem instal·lar una *app* de tipus "client SFTP" per poder accedir a aquesta funcionalitat.

Si tenim un servidor DNS que ens resolgui el nom del servidor, aleshores podrem accedir-hi directament emprant aquest nom de domini:

```
sftp://domini_del_servidor
```

Hi han serveis gratuïts de DNS[15], en què podem afegir la nostra adreça IPv6 global. Aleshores, podrem ubicar el nostre domini directament des de qualsevol ordinador del món, sense necessitat de recordar-nos de la seva adreça IPv6.

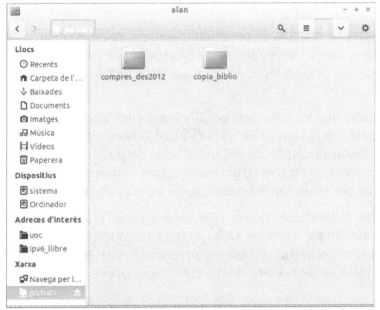

Navegant pel disc dur del servidor, indicat mitjançant el seu domini

---

15 Entre molts altres, Freenet6 o bé Strangled.net.

Bases de dades i Viquipèdies personals

En moltes aplicacions empresarials, cal que els treballadors de l'empresa tinguin a disposició una eina que permeti el treball col·laboratiu: intercanviar informacions sobre clients, sobre comandes, sobre l'estat d'avançament dels projectes o per documentar les solucions tècniques que s'han trobat i implementat en casos concrets.

Per aquestes tasques, existeixen una sèrie d'eines informàtiques -la majoria de pagament- que solen prendre la forma d'un servidor de tipus *Intranet*, terme que simplement fa referència a l'ús de les tecnologies d'Internet però dins de l'abast de la xarxa de l'empresa.

Aleshores, es planteja la possibilitat que els treballadors que estiguin en desplaçament -per exemple, el representant de comerç o el tècnic en reparacions- puguin tenir accés a aquestes dades des del lloc on es trobin.

Existeixen algunes solucions per IPv4, entre les quals la més coneguda és sense dubte la tècnica de VPN (Virtual Private Network). Consisteix en connectar el dispositiu del treballador desplaçat a la xarxa interna de l'empresa, a través d'un canal segur. Aquesta tècnica es pot implementar sense cap dificultat també a través de IPv6.

Un altre enfocament, potser més senzill en la pràctica, és posar en marxa un simple servidor web, protegit mitjançant contrasenya o bé certificat criptogràfic, i amb un programari que permeti l'intercanvi d'informacions de manera simple entre treballadors.

Entre els programes que ens permetran construir el servidor, el programari MediaWiki desenvolupat per la mateixa Viquimèdia és paradigmàtica.

Si tenim tal servidor funcionant sobre un ordinador amb adreça IPv6 global, serà accessible des de l'Internet a través de l'adreça

```
http://[adreça_ipv6]/mediawiki
```

o bé, si disposem d'un domini propi, a través de:

```
http://domini_del_servidor/mediawiki/
```

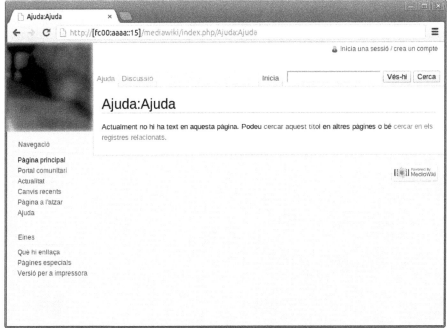

Accedint a un servidor MediaWiki emprant la seva adreça IPv6. Notareu que aquest servidor empra una adreça link-local: tan sols és accessible des de l'interior de la xarxa corporativa

MediaWiki es base en un simple servidor LAMP, que combina un sistema operatiu Linux, amb el servidor web Apache, un gestor de base de dades MySQL i el llenguatge de programació PHP[16]. Sobre aquesta base, s'instal·la el programari MediaWiki, disponible en forma de paquet per la majoria de sistemes operatius i distribucions del mercat.

---

16 També existeixen versions WAMP i MAMP per MS Windows i Mac OS-X respectivament, o es poden reemplaçar el gestor de base de dades MySQL per PostgresSQL o altres.

Una vegada configurat, el programari MediaWiki ens permet construir una base de coneixements de l'empresa -o simplement del seu propietari- de manera molt senzilla, mitjançant la seva sintaxi que permet crear entrades sense gaire dificultats.

Per exemple, si voléssim crear l'entrada següent sobre l'adreça IPv6:

Adreça IPv6

Format de l'adreça [modifica]

La gran diferència entre el format d'adreces IPv4 i IPv6 és que aquests passen a ocupar un total de 128 bits. Naturalment, multiplicant la llargada de les adreces per quatre permet obtenir un espai d'adreces possibles molt superior al que teníem anteriorment. Concretament, ara disposarem d'un total de

```
 2^128    = 4.294.967.2964
          = 340.282.366.920.938.463.463.374.607.431.768.211.456
```

adreces possibles.

Abast de l'adreça [modifica]

Una adreça IPv6 pot tenir tres abasts (scopes) possibles:

- abast de l'enllaç, *link-local*
- abast de la xarxa local, *site-local*
- abast global, únic a tot Internet, *global*

Darrera modificació de la pàgina: 16 abr 2013 a les 15:23.

Exemple d'entrada en una Wiki personal

es podria fer mitjançant el text següent:

```
== Format de l'adreça ==

La gran diferència entre el format d'adreces IPv4 i
IPv6 és que aquests passen a ocupar un total de 128
bits. Naturalment, multiplicant la llargada de les
adreces per quatre permet obtenir un espai d'adreces
possibles molt superior al que teníem anteriorment.
Concretament, ara disposarem d'un total de

 2^128     = 4.294.967.2964
           =
340.282.366.920.938.463.463.374.607.431.768.211.456
```

```
adreces possibles.

== Abast de l'adreça ==

Una adreça IPv6 pot tenir tres abasts (''scopes'')
possibles:

* abast de l'enllaç, ''link-local''
* abast de la xarxa local, ''site-local''
* abast global, únic a tot Internet, ''global''
```

La sintaxi no és gaire complexa, limitant-se a indicacions tals com "==" per introduir un títol, "*" per fer una llista de punts, """" per posar cursiva, etc. Es poden fer enllaços entre entrades indicant el nom de l'entrada al qual es vol fer l'enllaç entre claus "[" i "]". Per exemple, per fer un enllaç cap a l'entrada precedent, posaríem:

```
[[Adreça IPv6]]
```

Per fer un enllaç cap a una adreça web externa a la nostra Wiki:

```
[http://servidor.com Aquest seria el text descriptiu
acompanyant l'enllaç]
```

Com es pot apreciar, la tecnologia del MediaWiki és perfecte per construir ràpidament un conjunt d'apunts personals o a nivell d'una empresa, ja que permet posar al dia i relacionar molt fàcilment les informacions "sobre la marxa", a mesura que es va treballant.

Posteriorment, podem decidir si volem que una part (o la totalitat) de les entrades a la nostra Wiki estiguin disponibles de manera oberta per la nostra clientela. D'aquesta manera, per exemple, una empresa de l'àmbit tecnològic pot posar una part del seu coneixement a disposició dels usuaris dels seus productes. Aquesta manera de construir un sistema d'ajuda esdevé cada dia més popular, degut entre altres a la seva simplicitat de gestió.

Dins l'àmbit educatiu, un programari alternatiu al MediaWiki podria ser el Moodle. Partint d'una mateixa base tècnica (servidor LAMP), proposa un entorn estructurat orientat a la docència.

Impressió a distància

Finalment, una opció que té gairebé tanta història com l'ús de les xarxes és la d'impressió a distància.

La majoria de les organitzacions troben interessant instal·lar impressores compartides en xarxa. Així es poden fer algunes economies, a més de facilitar la ubicació física dels recursos estalviant algun espai. Ara bé, tradicionalment els protocols que es feien servir per fer la compartició de les impressores eren protocols no-encaminades, o sigui protocols que no permetien que la connexió entre l'ordinador que imprimeix i la impressora traspassi cap *router*. Els protocols de compartiment d'impressores de MS Windows (anomenades, segons el moment, Netbios, Netbeui, o SMB) es troben en aquesta casuística.

Avui en dia, la majoria d'impressores i servidors d'impressió també admeten altres protocols d'impressió, aquesta vegada encaminades. Entre aquestes, la més coneguda és IPP o Internet Printing Protocol. Reconeguda directament per moltes impressores amb tarja de xarxa, permet imprimir des del segment de xarxa que està directament connectada a la impressora, però també des d'ordinadors situats en altres segments i connectats al segment de la impressora a través d'un o diversos *routers*.

Naturalment, aquesta tècnica també es pot emprar amb IPv6. Així, si la nostra impressora o servidor d'impressió té una adreça global IPv6, hi podrem imprimir des d'altres ubicacions a Internet – aconseguint així disposar d'un servei d'impressió des de localitats en què potser tenim una connexió a Internet, però no una impressora.

Nota

Podria resultar imprudent deixar que una impressora en xarxa estigui directament exposada al conjunt d'Internet. Caldria gestionar correctament la seguretat de la mateixa impressora -el que depèn de cada fabricant- i a més ens podríem trobar amb problemes tals com impressores que no admetin IPv6, o que tan sols disposin de connexió USB i no de xarxa.

Per aquests motius, és aconsellable l'ús d'un servidor d'impressió. Aquest serà l'ordinador amb adreça IPv6 pública i exposada a Internet, i que exportarà les impressores pel l'usuari remot.

El servidor d'impressores d'ús més corrent avui en dia és possiblement CUPS (Common UNIX Printing System), que constitueix el sistema d'impressió per defecte tant en Mac OS-X com en GNU/Linux.

Aquest servidor admet tant el protocol IPP com la seva versió encriptada a través de HTTPS.

Els passos necessaris per accedir al nostre servei d'impressió des d'IPv6 consisteixen simplement en:

- connectar el servidor a l'Internet amb una adreça IPv6 global;

- configurar la impressora sobre el servidor;

- fer que la impressora sigui visible pels usuaris del sistema;

- assegurar-se que el servidor és accessible tan sols emprant una connexió segura (HTTPS) i amb una autenticació per contrasenya.

Per configurar la impressora i fer que sigui visible, si fem servir el servidor CUPS aquest es pot configurar des de la seva interfície web. Per defecte, la interfície d'administració tan sols és accessible des del mateix servidor, a l'adreça

```
http://localhost:631
```

o bé, si volem fer servir tan sols adreces IPv6:

```
http://[::1]:631/
```

Una vegada que hi hem entrat, podem crear la impressora, assegurant-nos que estigui compartida per altres ordinadors:

Modifica laser

Descripció: `laser`
(Una descripció com ara «HP LaserJet de doble cara»)
Ubicació:
(Una ubicació com ara «Laboratori 1»)
Connexió: lpd://localhost/laser
Compartir: ☑ Comparteix aquesta impressora

[Continua]

Compartir la nostra impressora - es poden algunes impressores concretes, però no forçosament totes les que tinguem en el nostre ordinador

També ens caldrà fer que el servidor comparteixi les impressores activades sigui a la xarxa local (adreces *link-local* i *site-local*), o com en aquest cas al conjunt d'Internet (també adreces *global*):

Servidor

[Edita el fitxer de configuració] [Mostra el registre d'accés] [Mostra el registre d'errors]
[Mostra la pàgina de registres]

Configuració del servidor:

Avançat ►
☑ Comparteix les impressores connectades a aquest sistema
☑ Permet imprimir des d'Internet
☐ Permet l'administració remota
☐ Fes servir l'autenticació Kerberos (PMF)
☐ Permet als usuaris cancel·lar qualsevol tasca (no només les pròpies)
☐ Desa la informació de depuració per la resolució de problemes

[Envia els canvis]

Compartir les impressores al conjunt de la xarxa

Si el nostre servidor té l'adreça global 2a00:1450:4007:803::1/64, i la impressora és exportada sota el nom laser, podem accedir-hi des del client amb l'adreça

```
https://[2a00:1450:4007:803::1]/printers/laser
```

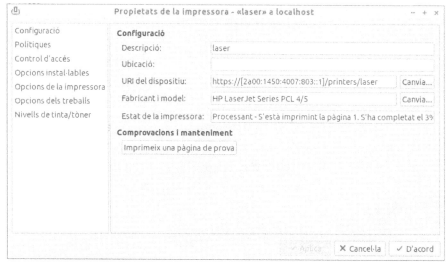

Configuració d'una impressora làser a través de la seva adreça IPv6

Tal com s'ha dit en la nota anterior, tractant-se d'una connexió entrant des d'Internet amb una adreça global, és convenient permetre tan sols les connexions xifrades. És per aquest motiu que evitarem els protocols ipp o http, que sí ens podrien convenir si es tractés de compartir la impressora tan sols a l'interior de la nostra xarxa local.

En el moment de configurar el client, ens demanarà la controladora d'impressora a fer servir. Aquesta controladora pot ser la mateixa que fem servir normalment per aquella impressora. Tot i això, segons com pot ser útil saber que moltes impressores modernes entenen el llenguatge PostScript, el que fa que una controladora genèrica d'aquest llenguatge ens podria servir.

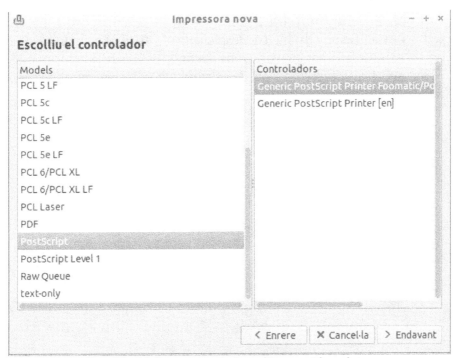

Instal·lació d'una controladora d'impressió genèrica

Eventualment, es pot completar aquesta tècnica d'impressió a distància mitjançant l'ús de les impressores virtuals. Aquest tipus de dispositiu no és una impressora física, sinó un programa que es comporta com si fos una impressora.

Alguns exemples d'impressores virtuals i la seva utilització podrien ser:

1. Una impressora virtual que crea fitxers PDF. Aquesta impressora ens podria servir per, estant en desplaçament, crear un fitxer PDF des de qualsevol programa. Aquests fitxers acabarien en un directori sobre el nostre servidor, a partir del qual es continuaria el seu tractament.

   Podem imaginar que un representant del comerç podria emprar tal sistema per preparar les comandes dels clients.

2. Una impressora virtual que, connectat a un mòdem, permet enviar faxos. Estant en desplaçament, el mateix representant del comerç pot preparar una factura, enviar-la a imprimir en aquesta impressora i fer que s'envii automàticament al número de fax del seu client.

Conclusions

Amb aquesta breu introducció al món de la tecnologia que farà servir la "pròxima iteració" d'Internet, hem intentat presentar una visió que sigui a la vegada breu, però suficientment desenvolupada del panorama tecnològic que se'ns presenta.

Tractant-se d'una nova tecnologia, com sovint succeeix presenta a la vegada similituds i divergències respecte a la tecnologia actual, IPv4. Les similituds en aparença no ens han de deixar obviar que es tracta d'una evolució conceptual important. Així, IPv4 es va anar desenvolupant sobre un període de molts anys i en un context en què hi havien pocs ordinadors interconnectats; pel seu cantó, IPv6 es va cristal·litzar de manera molt més ràpida, aprofitant el coneixement adquirit sobre tres dècades de creixement continu d'Internet: del nombre d'ordinadors i de la complexitat de les xarxes que formen la avui.

Es pot doncs dir que IPv6 és un producte tecnològic creat pels nous usos de les tecnologies de la informació i de la comunicació en el segle XXI. Els canvis de disseny, gairebé la "filosofia" que incorpora són fruits d'aquesta evolució. Així podem entendre l'abandonament de la fragmentació de les xarxes mitjançant les adreces privades, i una major atenció als dos epifenòmens del consum de tecnologia amb què els tècnics haurem de composar: el creixement de l'ús de les xarxes per continguts multimèdia, i l'ús omnipresent d'un nombre considerable de dispositius mòbils.

Naturalment, el pas d'una tecnologia a la següent no pot ser instantània. Ens caldrà uns anys per anar implantant del tot les xarxes IPv6, al mateix temps que mantenim un funcionament normal de l'Internet tal com el coneixem. També es pot preveure que algunes de les opcions més avançades de l'IPv6 tals com la connexió itinerant (mantenir activa una mateixa adreça IPv6 tot i connectar-se des de xarxes diferents) són tècniques que costaran una mica més per acabar d'implementar.

Com se sap, aquesta situació no deixa de plantejar certs reptes davant de la saturació del tràfic actual, com del nombre de dispositius que s'estan connectant de manera concurrent. Els organitzadors de grans esdeveniments (partits de futbol) que volen oferir un servei de connexió WiFi a tota l'assistència en saben alguna cosa.

Davant d'aquest fet, als que ens interessa la tècnica tan sols podem intentar posar-nos al dia. Experimentem les noves tecnologies, primer en entorns més o menys controlats, després poc a poc ampliem el nostre radi d'abast a estructures cada vegada més àmplies. Anant, evidentment, amb molta precaució per mantenir la qualitat de servei als usuaris al llarg del procés d'adaptació.

Podem estar segurs que sabrem fer el canvi, malgrat els possibles entrebancs que sense dubte ens plantejarà una conversió bastant aprofundida dels nostres sistemes. Més que "entrebanc", potser la paraula "repte" fora més apropiada.

En tot cas, en amb aquesta òptica que s'ha intentat presentar el que s'ha concebut com a "manual d'experimentació" més que no pas un manual curt i ras. Fins aquí la meva modesta contribució; espero que us hagi agradat o, al menys, que us hagi despertat certa curiositat per aquesta nova tecnologia que de ben segur ens marcarà l'esdevenidor.

Alan Ward

Maig del 2013

www.ingramcontent.com/pod-product-compliance
Lightning Source LLC
Chambersburg PA
CBHW060453060326
40689CB00020B/4521